CHARLES MORICE

———

QUELQUES
MAITRES MODERNES

WHISTLER — PISSARRO

FANTIN-LATOUR

CONSTANTIN MEUNIER — PAUL CÉZANNE

———

PARIS

SOCIÉTÉ DES TRENTE

ALBERT MESSEIN, ÉDITEUR

19, QUAI SAINT-MICHEL, 19

——

MCMXIV

QUELQUES
MAITRES · MODERNES

AVERTISSEMENT

Les Études qu'on va lire ont été toutes écrites au lendemain de la mort de chacun des artistes qu'elles visent.

A les revoir à distance d'années, il ne m'a pas paru que l'émotion dont elles procédaient leur nuisît. Les rendez-vous que la mort nous donne autour des grands tombeaux sont des invitations formelles aux méditations fortes. En avisant, une dernière fois, les clartés des fronts glorieux qu'elle touche, elle nous invite à comprendre tout le prix des grandes « valeurs » humaines qui étaient là, près de nous, et que nous avons méconnues souvent, et elle nous enseigne à plus effectivement, à mieux aimer les têtes lumineuses qu'elle épargne encore, à nous efforcer de comprendre dans tous ses sens le message dont les génies sont char-

1

gés, à ne pas les laisser passer dans le silence,
vieillir dans l'isolement que leur fait la grandeur, à pleinement profiter de leur brève présence ; elle exige, il faut l'entendre ! que nous
nous informions avec amour des noms accla-
més déjà par la jeunesse entre les siens,
déjà laurés un peu, et qu'aux porteurs de ces
noms, consolations prochaines, nous facilitions
de tout notre pouvoir le chemin : ainsi de-
vraient les « actualités funèbres » être autant
d'occasions, pour nous, de comprendre plus la
vie et de l'aimer davantage.

Ces idées, ou ces sentiments, se suggèrent,
m'a-t-il semblé, irrésistiblement, encore qu'ils
n'y soient pas directement exprimés, au cours
de ces Études, et en font comme la tacite et
bienfaisante conclusion.

A un autre point de vue j'ai cru bon de les
réunir parce qu'elles complètent un ensemble,
encore inachevé, de recherches sur l'art contemporain.

J'ai consacré un livre à Carrière (1), un autre
à Gauguin (2). Dans le dernier chapitre de l'In-

---

(1) Mercure de France, éditeur.
(2) H. Floury, éditeur.

troduction que j'ai écrite pour les *Cathédrales de France* (1), le livre d'Auguste Rodin, j'ai tâché de préciser la « mission » de ce grand artiste. Carrière, Gauguin, Rodin, sont, à mon sens, les trois essentiels initiateurs plastiques dont nous puissions nous enorgueillir, depuis Puvis de Chavannes et Manet. Mais, non loin d'eux, un Whistler, un Pissarro, un Fantin-Latour, un Constantin Meunier, un Cézanne, parmi les illustres morts d'hier, et, parmi les vivants, un Odilon Redon, un Degas, un Monet, un Renoir, apportent une pensée et une œuvre précieuses, qu'on ne saurait négliger, dans cette sorte d'irrégulière Galerie des Maîtres modernes, sans y laisser d'injustifiables lacunes.

Voici le premier de ces deux groupes, celui des disparus. On a estimé qu'il serait à sa place dans cette Collection de haute et calme tenue où les hommes et les choses du passé ont déjà tant de part. — Ce premier groupe rejoindra, quelque jour, le second dans un livre de développement plus considérable.

J'ajoute que le lecteur ne doit pas s'attendre

(1) Armand Colin, éditeur.

à trouver dans ces pages des considérations exclusivement techniques. Puisse-t-il être, comme l'auteur lui-même, plus curieux d'observations humaines et d'idées générales que de théories !

Ch. M.

WHISTLER

«... Le ténébreux d'autant qu'apparu gardien d'un génie, auprès comme Dragon, guerroyant, exultant, précieux, mondain... »

Impossible, ce « Monsieur rare, prince en quelque chose », de ne point se remémorer le médaillon que lui consacra Stéphane Mallarmé. Depuis que la mort à son tour s'est chargée de définir cette âme et ce visage, dans la grande synthèse qu'elle excelle à faire avec l'essentiel des gestes et des œuvres d'un homme nous retrouvons bien les principaux des traits notés par le poète ; c'est lui, le mieux, le plus sûrement, en quelques mots divinatoires et lumineux, qui nous révèle le génie du peintre : d'avoir *relu* il nous semble mieux *revoir*, mieux comprendre la scintillante lumière enclose sous les paupières à jamais fermées.

*
* *

A noter ce souci d'une « composition de maintien », détail sans importance sauf celle que lui
attribuait l'artiste même, on croirait, l'homme
distant du créateur, chez Whistler, de toute la
place d'un « personnage ». Défaut de simplicité
au prix de quoi se payait la merveille d'une comédie toujours de haut goût, variée qu'elle fût
du style noble à la farce, ou plutôt précaution
influée de la fierté la plus pure, précaution nécessaire pour préserver de tous indignes et dangereux contacts l'essence délicate du vrai vivant ? — Il se serait ainsi gardé inconnu pour
continuer de se développer sans cesse vers soi-
même, fixant dans l'imagination des badauds
l'image amusante d'un certain faux Whistler,
le vrai pour eux (mais leur vaine proie, comme
on jette au taureau furieux la loque de pourpre
vide qu'il croit tuer), cependant que l'Autre
sereinement vaguait dans sa solitaire voie :
ainsi, par un sens, « le ténébreux d'autant
qu'apparu. »

On a toujours peine à croire que, vraiment, le

génie puisse de ses forces, de son temps, de son
invention faire à ce souci d'une silhouette un si
important sacrifice. Plus vraisemblable **que**
tous calculs apparaît une sorte de naïveté supé-
rieure, compliquée du soin d'être, plastiquement, en harmonie avec la conception d'art
élue, *sans pourtant dire son mot.* L'ironie passe
par là, aiguë parfois jusqu'à la haine, pour à
muflerie répondre rosserie, et parfois se déten-
dant, se reposant et d'elle et du travail en
coups de voix énormes qui ne sont plus des
mots, en gestes excessifs qui visent l'adversaire,
comme à la foire ou au cirque, pour le dépasser.
A cette vraisemblance pourtant qu'est-il donc
qui, dans notre compréhension française, refuse
de se rendre, touchant Whistler, et pourquoi
répugnerions-nous à voir en lui, hors de son
œuvre et dans sa vie, d'abord et, sinon exclusivement, pour une part du moins, le fidèle ou le
dernier sectateur d'une tradition tout à fait
abolie maintenant, celle de ces maîtres en 1830
dont il fut, en art, l'élève, ces maîtres français
romantiquement soucieux du décor de leur personne ? Larges chapeaux sur longs cheveux,
longues barbes sur larges collets, terribles et

inoffensifs épouvantails du bourgeois glabre, ils
laissaient, quelques-uns, à l'atelier l'artiste et
ne sortaient que le rapin. L'éloignement moral
que retient et nous impose, en dépit du coudoie-
ment matériel, un étranger — à cause peut-être
de la sonorité lointaine des syllabes de son nom
— est pour beaucoup dans l'idée que la plupart
d'entre nous se sont faite — et ils y tiennent ! —
de ce Whistler diabolique — et chimérique.
Mais il y a aussi, et cet élément est plus notable,
la dissonance du rire latin dans une voix anglo-
saxonne. Elle amplifiait ou atténuait, décon-
certante de paraître double ; de même la tenue
et le geste, tantôt follement abandonnés, tantôt
strictement corrects. Comment croire à la simplicité d'un homme aux aspects si contraires ?
Et c'était l'irréprochable gentleman qui disait
ou faisait, avec gravité, les plus formidables
plaisanteries.

A Londres on s'étonnait moins qu'à Paris des
« excentricités » de Whistler. Dans l'hôtel le plus
select, à l'heure du dîner, tout le monde étant à
table déjà, habits noirs, épaules nues, quand
tout à coup retentissait un sonore rauquement
de tigre, les têtes se tournaient bien aussitôt

vers la porte, mais elles s'en détournaient sans insistance, sans effroi ni gaîté : « C'est Whistler », disait-on tranquillement, et les conversations reprenaient. — C'était Whistler, en effet, impassible lui-même, mis avec une délicieuse recherche, escorté de toute une cour, le roi calme et glorieux de l'Élégance, le dieu de la Correction, — aussi peu surpris de s'être annoncé par cette inélégante et incorrecte clameur que les dîneurs de l'avoir entendue.

Cette anecdote, et tant d'autres plus connues, trop pour être répétées ici, témoignent-elles, comme on veut tant le croire, d'un dédoublement réfléchi ? L'artiste d'un art si essentiellement, si noblement *sérieux*, se proposait-il de donner le change aux passants sur sa vérité intime par ces dehors baroquement hilares ? Vraiment, se préoccupait-il à ce point des gens ? Non, certes ! Et si les procès fameux, et si les non moins fameux éclats de fureur, plus retentissants encore que le cri du tigre, sont du même ordre, bien plutôt que rien de factice il y faut voir l'expansion, d'un tempérament, naturelle — et j'ai déjà dit naïve. Mais la naïveté a bien des degrés ; il y a la naïveté consciente et il y a

la naïveté ignorante d'elle-même, il y a cette
naïveté divine qui est le caractère de tous les
grands poètes et qui s'accommode de l'esprit
critique le plus sagace, et il y a la naïveté des
sots... La naïveté de Whistler était *la sienne* —
le geste nécessaire d'une âme ardente, amoureuse de la lutte, toujours debout, un peu plus
occupée d'elle-même qu'on n'eût souhaité,
mais qui du moins, après avoir attiré l'atten-
tion, montrait de quoi la retenir : « guerroyant,
exultant, précieux. »

Tenons donc d'abord compte, pour nous expliquer l'homme, de sa fréquentation dans nos
ateliers tels qu'ils étaient au temps de sa jeunesse. Il y puisa ou, s'il l'y apporta, il y cultiva
le goût de la « charge » et de la « bohême ». La
froideur ultra-britannique — yankee ! dont il
accompagnait ses plaisanteries les plus aiguës
ou les plus grosses et ce plaisir très ethnique
aussi que les Anglo-Saxons prennent à faire des
farces « insignificatives » (1) — comparables à

---

(1) M. Théodore Duret, qui commence ainsi son article sur
Whistler (1881) dans son livre : *Critique d'avant-garde* :
« M. James Whistler, né à Baltimore... » sait depuis la mort de
l'artiste, que Whistler est né non pas à Baltimore, mais à Lowell

leurs jeux de clowns — n'ont pas peu contribué
à la réputation « satanique » d'un artiste qui fut,
en réalité, très simple, puisqu'il fut très grand.
Mais ne nous hâtons pas de croire que, peintre
seulement à l'atelier, il considérât comme sans
conséquence tout ce qui n'était pas la peinture,
quand précisément il se pourrait que la peinture, telle qu'il l'entendait, tout la concernât.

Gustave Geffroy conte la visite qu'il fit avec
Théodore Duret à Whistler, en 1890 : « J'eus
immédiatement la sensation de l'œuvre de
Whistler, à pénétrer dans le petit jardinet qui
précédait la maison, puis dans un salon d'un
ton vert pâle, où il n'y avait aux murs que
quelques petits cadres. Tout était ordonné, me-

(Massachussets). C'est pourtant du peintre lui-même que le critique tenait son renseignement. En justice, lors de son procès
avec Ruskin, Whistler donna cette autre indication : Saint-
Pétersbourg ; M. Duret, qui est épris d'exactitude, tourmenta
dès lors — gaîment — son illustre ami pour apprendre de lui la
vérité sur ce point de biographie, allant jusqu'à le réveiller pour
lui poser à brûle-pourpoint cette question : « Où êtes-vous né,
Whistler ? » Mais Whistler se défendait en riant, en riant à
grands éclats, et gardait son secret. Dans quel intérêt ? C'était
précisément l'absence d'intérêt de cette « blague » qui amusait
l'artiste, qui l'amusait follement — et américainement. — Marc
Twain disait à des journalistes venus pour l'interviewer et qui
lui demandaient son âge : « J'ai huit ans. »

suré ; la marque d'un goût particulier était sur
toutes choses, dans l'arrangement des meubles,
dans le dessin d'un rideau, d'un tapis. C'était
discret, silencieux, et ouaté du brouillard de
Londres. Le maître du logis vint à nous du fond
de la pénombre, *absolument comme un des personnages qu'il a représentés*, tout envahi d'ombre,
le visage et les mains éclairés d'une faible lumière. Petit, la chevelure noire, avec une
mèche blanche au milieu du front, *il était bizarre et mystérieux à l'apparence*. Son abord
était fort gracieux, son hospitalité très aimable,
puis sa verve se débridait, et sa conversation
sarcastique faisait le tour de Londres et de Paris. On retrouvait vite en lui le *dandy* et le *polémiste*. Je le revois ainsi, à Paris, à la table de
Stéphane Mallarmé, plus dandy et plus *sorcier*
encore qu'à Londres, exagérant son allure, re-
gagnant la rue du Bac en frappant le pavé de
sa haute canne, comme s'il annonçait lui-même
son passage. »

Je souligne ici quelques mots sur lesquels je
veux revenir.

Qu'un artiste soit personnellement, physique-
ment en harmonie avec son œuvre, rien là qui

nous surprenne. Il y a de la physionomie de Carrière dans tous les visages qu'il a peints, Monet ressemble à ses paysages, et jamais — c'est bien entendu — artiste ne fit autre chose que son propre portrait ; poète, non plus. Mais il semble bien que chez Whistler, et sur ce point l'observation de Geffroy s'ajoute à d'autres témoignages, la ressemblance fut d'une intensité exemplaire. Or, si vous notez que l'art de Whistler est très savant, à la fois très fidèle à la nature et très abstrait, que ce peintre n'a jamais peint que des choses vues, qu'il s'exprime exclusivement par des combinaisons de coloris et qu'il fait par ce moyen jaillir de ses modèles leur essence individuelle la plus secrète, — cette prodigieuse analogie de l'œuvre et de l'artiste vous apparaîtra comme une éclatante justification réciproque et de l'artiste et de l'œuvre. Si, d'autre part, vous pensez qu'il a *pu* concourir par quelque arrangement calculé, par quelque prédilection dans son geste et dans sa mise, au triomphe sensible de cette analogie, vous conclurez qu'il a *dû* le faire, quand vous aurez admiré dans son œuvre le même esprit de choix, le même goût, et le même délicieux artifice qui

signalaient dans sa personne extérieure l'être
d'élite, se sachant tel de naissance, mais ayant
choisi de se manifester *ainsi* et non autrement,
— et par là, du reste, obéissant à des fatalités
supérieures.

«... Absolument comme un des personnages
qu'il a représentés... Il était bizarre et mystérieux à l'apparence... Dandy, polémiste, sorcier... » D'autres : « Magicien. »

Ce serait trop peu de dire que l'homme s'était
modelé sur l'artiste. L'un n'avait pas eu d'effort
à faire vers l'autre. A peine ce quelque peu d'arrangement que j'indiquais — corrigez-le d'un
peut-être — et où l'habitude heureuse de tendre
toujours au plus pur de soi conspira sans cesse.
L'identification entre l'artiste et l'homme, leur
unité originelle était absolue. — Et c'est d'être
en tout un artiste, *cet artiste*, que l'homme ap-
paraissait total, constant avec lui-même,
unique, — insupportable et adorable. Qui donc
parle de dédoublement réfléchi, de comédie
jouée ? Il n'y avait qu'appropriation variée à
des milieux divers. Le sorcier au verbe spirituel
et méchant était l'intermédiaire harmonique
entre le mystérieux et le mystificateur, et les

trois personnages n'en faisait qu'un, sans doute, nuancé seulement selon la solitude ou les relations et la qualité de celles-ci.

Et l'artiste prenait un plaisir légitime, vraiment un plaisir d'artiste, à voir se former dans les yeux d'autrui, où les siens savaient lire le livre des âmes, une juste image de lui-même, selon lui-même, avec une adaptation étudiée, « convenable », de son propre monde intérieur. Plaisir tout voisin de celui qu'il demandait aux choses, — pour lui guère moins vivantes, guère plus inertes que les hommes : les choses comme les hommes ne font-elles pas des combinaisons de coloris ? Ces combinaisons peuvent être offensantes, il exigeait qu'elles fussent plaisantes. Nous venons de voir comme, chez lui, tout était ordonné, mesuré, tapisseries et tapis, meubles, selon leur coloration plutôt encore, je pense, que leur forme. L'amour de l'harmonie colorée gouvernait sa vie jusque dans les moindres détails (1) et je répugne à soupçonner dans cet aveu d'une si particulière délicatesse

---

(1) « Je le vis un jour, à déjeuner, faire changer avec colère un plat de porcelaine du Japon dont la coloration jurait avec le ton du quartier de saumon grillé qu'il contenait. » Octave Maus.

le moindre indice d'attitude voulue, le moindre désir d'étonner ; l'égoïsme sincère de la sensibilité fait ici sa noblesse.

L'intensité des jouissances ou des souffrances qu'il recevait de l'aspect extérieur du monde inorganique et de celui des vivants nous marque en Whistler une faculté spéciale, qui l'excepte entre les grands artistes (sans lui donner un rang privilégié ; les artistes sont comme les femmes, ils n'ont pas de rang) et le rapproche singulièrement des impressionnistes, entre lesquels plusieurs critiques veulent en effet le ranger ; c'est la faculté de vivre exclusivement par les yeux, de tout ramener aux phénomènes de la visibilité et de ne jamais laisser s'endormir le regard. A propos d'un tel peintre est-il excessif d'avancer que tout concerne la — sa peinture ? C'est trop peu ! Tout est peinture. L'œuvre des sept jours a pour auteur un peintre invisible, éternel, éternellement à l'œuvre — la Nature — et qui se trompe très souvent : il est rare que sous ses doigts la couleur chante juste. Pourtant, ce tableau mouvant de l'univers « contient les éléments, en couleurs et formes, de toute peinture, comme le clavier contient les

notes de toute musique... L'artiste est né pour
en sortir, en choisir et grouper avec science les
éléments, afin que le résultat en soit beau —
comme le musicien assemble ses notes et forme
des accords jusqu'à ce qu'il éveille du chaos la
glorieuse harmonie. Dire au peintre, qu'il faut
prendre la nature comme elle est vaut de dire
au virtuose qu'il peut s'asseoir sur le piano (1) ».
— Ainsi, pour le dire en passant, Whistler
s'écarte des impressionnistes au moment où
nous pensions qu'il les rejoignait ; comme eux il
a les yeux incessamment ouverts et curieux,
mais tandis que Claude Monet, par exemple,
« aimerait peindre comme l'oiseau chante »,
assuré que toutes les notes d'un chant d'oiseau
sont belles comme tous les aspects de la nature
sont beaux, — ou tandis que Constable, l'un de
ses grands maîtres, déclare : « Jamais je n'ai
rien vu de laid dans la nature », Whistler la
considère comme un chaos rarement mis en
ordre par d'heureux hasards ; et, quand se produit cette mystérieuse collaboration, l'artiste
est seul à jouir du chef-d'œuvre immense, car

---

(1) Whistler, *Ten o'clock*. Traduction de Stéphane Mallarmé.

du sens vrai de la Beauté le troupeau des
hommes est privé.

« Le soleil resplendit, le vent souffle d'est, le
ciel est vide de nuages, et, au dehors, tout est
de fer. Les vitres du Palais de Cristal s'aper-
çoivent de tous les points de Londres. Le pro-
meneur du dimanche se réjouit d'une journée
glorieuse, et le peintre se détourne pour fermer
les yeux. — Combien peu l'on perçoit cela, et
avec quelle obéissance le quelconque dans la
nature s'accepte pour du sublime, on le peut
conclure de l'admiration illimitée produite quo-
tidiennement par le plus niais coucher de soleil.
— La dignité des montagnes coiffées de neige
se perd en trop de netteté, mais la joie du tou-
riste est de reconnaître les voyageurs à leur
sommet. Le désir de voir, pour le fait de voir,
est, quant à la masse, le seul à satisfaire : de là
sa jouissance du détail. — Et quand la brume
du soir vêt de poésie un bord de rivière, ainsi
que d'un voile, et que les pauvres constructions
se perdent dans le firmament sombre, et que les
cheminées hautes se font campaniles, et que les
magasins sont, dans la nuit, des palais, et que
la cité entière est comme suspendue aux cieux

— et qu'une contrée féerique gît devant nous
— le passant se hâte vers le logis, travailleur et
celui qui pense ; le sage et l'homme de plaisir
cessent de comprendre comme ils ont cessé de
voir, *et la nature qui, pour une fois, a chanté
juste, chante un chant exquis pour le seul artiste,
son fils et son maître,* — son fils en ce qu'il
l'aime, son maître en cela qu'il la connaît (1). »

N'y a-t-il pas, dans cette conception de la
nature et de l'art, beaucoup de ce vieil orgueil
de l'Homme ancien — l'Immortel — qui se crut
— et sa croyance lui conférait la dignité — le
Roi du Monde ? Pas un instant il ne s'attardait
à la stérile constatation de la brève durée de
son gouvernement en ce qu'il a d'individuel,
fier d'être, de par sa survivance dans l'espèce,
l'entretien durable de la Nature avec soi. Et
parmi l'infini trésor des choses, il choisissait.

Ce phénomène étrange s'accomplit sous nos
yeux : plus l'homme est devenu savant, plus
l'homme est devenu modeste, — si modeste que,
déchu des sommets, il ne sait plus trop où se
chercher une place dans les trois règnes, réduit

(1) Whistler, *Ten o'clock.*

à prier le quadrumane, par exemple, de se
pousser un peu pour lui laisser de quoi s'asseoir,
— et pourtant, c'est là le trait véritablement
singulier, son ambition n'a pas suivi la même
pente que son orgueil ; elle a grandi pendant
qu'il diminuait. La terre, trop vaste pour l'Immortel, est trop petite pour l'Ephémère qui ne
se contente pas d'un choix et ne saurait se satisfaire que de posséder tout. — C'est par là
que les impressionnistes sont artistes de ce
temps, par là plus encore que par leur adhésion
aux récentes théories scientifiques de la lumière
et de la couleur...

A ce point de vue, Whistler est ancien régime :
il choisit. Et son choix obéit aux destinations
dont toute sa personne physique était significative, vers le sens rare et subtil des visages et
des paysages, vers la force condensée, impondérable, vers le fantôme plus incontestable que
nos corps, vers l'Apparition plus solide que nos
apparences : mais si elle obéit au geste du magicien, l'Apparition reste énigmatique, et c'est sa
beauté la plus attirante, ce mystère impéné-
trable qui l'enveloppe, si légèrement, si fortement !

*
* *

Je ne m'excuserai qu'un peu d'avoir tant insisté sur la « composition de maintien » chez Whistler, si cette étude nous a permis d'entrevoir l'œuvre aux clartés de l'âme même.

Au surplus, s'il fallait analyser cette œuvre, universellement connue, on serait un peu las d'avance des répétitions où par de rigoureuses énumérations on serait inévitablement entraîné. Et puis, la gloire de Whistler n'est point une cause à plaider. Le grand artiste qui, né en 1834 ou 1835, est mort le 17 juillet 1904 — c'est-à-dire après avoir de loin dépassé le terme ordinairement consenti par la durée au génie — avait été longtemps discuté, nié, injurié, bafoué. Mais le combat était fini depuis des années et le vainqueur ne comptait plus d'adversaires — j'entends de ceux qu'on puisse, en effet, compter. La critique lui consacra bien des pages — parmi lesquelles il conviendra toujours d'indiquer d'abord celles de M. Théodore Duret, l'admirateur si compréhensif et si fidèle de quelques-uns des artistes les plus précieux de ce temps, les plus neufs, et, par conséquent, les

moins volontiers accueillis par la foule. Après
lui tout ce qui a un nom dans la « littérature
d'art » est venu faire cortège à Whistler pour
recommander au culte des générations, avec
parfois un peu d'inquiétude, si je ne me trompe,
dans la voix, des chefs-d'œuvre comme les portraits de *Miss Alexander*, *Carlyle*, *lady Archi-
bald Campbell*, *Théodore Duret*, *Pablo de Sara-
sat*, *lady Meux*, *Robert de Montesquiou*, et ces
symphonies bleu et or, capucine et rose, noir et
or, ces paysages de jour ou de nuit, surtout de
nuit, ces illuminations et ces feux d'artifice,
Paris, Londres, Venise, la Hollande.

... Avec parfois, dis-je, un peu d'inquiétude... L'indépendance de Whistler troublera
toujours les critiques judicieux, et plus encore
ce goût de la solitude dont il témoigne à chacune de ses affirmations. Où le classer ? Duranty, dès 1876, voulait le joindre au groupe
des Impressionnistes, et Geoffroy, en 1894,
voulait encore l'y retenir, en raison du côté
passant de ses figures. Mais à ce compte on
ne saurait guère de peintres qui, pour un quelconque très bon motif, n'aurait pas le droit et
l'obligation de figurer dans « le Groupe ». Outre

l'argument donné plus haut pour en excepter Whistler, il convient de noter son métier, fondé sur des convictions étrangères, contraires plutôt à celles de Monet et de Pissaro. Whistler estimait qu'une œuvre était finie quand on ne pouvait plus savoir comment elle avait été faite ; sans s'exagérer l'importance de cette proposition — qui n'a rien, j'avoue, de neuf ni de saisissant — on concédera que pas un des Impressionnistes ne l'eût signée. — Je n'insiste pas ; les considérations de cet ordre sont peu fécondes. Et à quoi bon rechercher les origines artistiques de Whistler ? A quoi bon parler ,à son sujet (on sait combien ce rapprochement, conseillé d'ordinaire par quelque malveillance, lui était désagréable), de par exemple, Velasquez ?

Plus que les origines d'un grand artiste, plus même que sa gloire dans le présent nous intéresse le sens de sa leçon pour l'avenir.

*
* *

Whistler est depuis longtemps déjà très imité. L'Amérique, « nationalistement », le vieux

monde et surtout Paris lui ont donné une foule
de disciples. Beaucoup d'entre eux sont devenus
très habiles, — seulement très habiles. On n'en
voit guère qui se soient à son ombre heureusement développés dans une voie personnelle. —
En faut-il déduire que l'œuvre de Whistler soit
une exclusive école de goût et de virtuosisme ?
A-t-on le droit de juger un maître d'après ses
élèves ?

Constatons encore ceci. Pas un des peintres
— que je sache — à la suite de Whistler n'a
essayé de s'engager dans la voie par le maître
ouverte vers l'au-delà des apparences, le mystère de la vie cachée ; tous en lui se sont limités
à l'étude du peintre, à l'observation de ses
moyens d'exprimer les êtres et les choses enve-
loppés d'atmosphère. Remarquez-le, pourtant,
il n'est peut-être pas d'artiste contemporain,
après Redon et Rodin, à propos duquel les littérateurs aient fait plus d'effort pour suggérer
l'ineffable et — avouons — le « littéraire ».
Tout un vocabulaire est spécial à la critique
whistlérienne ; vous y relèverez des mots
comme : fluide, effluve, spiritisme, fantastique,
supra-terrestre, supra-sensible, extra-lucide,

abstraction plastique, rayonnement psychique...
On y compare Whistler à Quincey, à Verlaine,
à Mallarmé... Les peintres, pourtant, n'ont vu
que de la peinture où les littérateurs voient un
art limitrophe à tous les autres.

Ici, qui a raison des peintres ou des littérateurs ?

Je crois que ce sont les peintres. Il n'y eut
pas de peintre plus peintre et plus uniquement
peintre que Whistler ; je le crois. Et son immense mérite est celui-ci que, réaliste en principe, épris des seules choses de la visibilité et y
faisant, de par un goût suprêmement aristocratique, son choix, il a su, au bout d'une pa-
tiente et forte analyse, retrouver la synthèse,
et qu'à force de chercher le réel il a rencontré
l'essence. Comme notre Rodin, comme notre
Carrière, il dépasse l'individu qui est l'objet de
son étude, ou plutôt il le pénètre si profondé-
ment qu'il l'oblige à révéler le type dont il procède, sa catégorie d'âme, et qu'ainsi l'être vrai
de la plus objective vérité devient, dans sa
communion avec le génie, un symbole !

Au symbolisme par le réalisme ; formule,
peut-être précieuse.

Mais comment expliquer que ce trait le plus
haut, le plus vraiment admirable d'un grand
artiste ait fait, comme il semble, si peu d'impression sur ses plus fervents admirateurs ? —
Je viens de nommer Carrière. Les figures de
Carrière aussi « apparaissent » et sont des fan-
tômes synthétiques ; mais elles nous appellent
dans les profondeurs où elles sont et nous vou-
drions les y suivre ; on les sent en relation avec
toute la vie ; une ligne ne finit pas en elles, en
elles une autre ligne ne commence pas, la grande
ligne universelle par elles se continue et nous
sentons qu'elle nous enveloppe nous-mêmes,
que nous avons grand intérêt à ne point la laisser se briser, parce que c'est la ligne de la vie.
— Les figures de Whistler nous inquiètent et ne
nous appellent point. Elles sont hors de la vie.
Elles ne nous imposent pas le frisson des pos-
sibilités noires : la ligne est rompue déjà, et
il a bien fallu qu'elle fût rompue pour que
ces figures nous apparussent, puisqu'elle eût
avec elles dépassé notre horizon. Whistler
est le peintre puissant et léger de tout l'essentiel, moins le cœur. Son cerveau est prodi-
gieux, son goût, miraculeux. Sa sensibilité est

limitée à l'amour de l'harmonie chromatique.

C'est pourquoi son influence restera, peut-être, extérieure. On ne cessera, certes, jamais d'admirer l'exécutant, l'artiste, sa composition, sa technique. On se heurtera, peut-être, de plus en plus à ce je ne sais quoi de froid, d'aride, qu'il y a au fond de sa pensée fière et pure, mais sans tendresse. — Et, qui sait ? Au moment de me taire, j'hésite. Ne serait-il pas, tel quel, le moderne par excellence, cet artiste point troublé par les battements de son cœur, ce puissant et cet exquis, cet élégant jusqu'à la diabolique fringance, ce subtil jusqu'à l'impondérable, tel que nous le livrent ses grandes œuvres et tel — me trompé-je ? — que nous l'annonçaient les syllabes mêmes de ses prénoms et de son nom ? *James Mac Neil* : le geste impertinent, le ton sarcastique, l'orgueil et le dédain au risque de la sécheresse ; — et tout l'ailé de l'âme géniale dans ce doux nom, dans les deux émissions de souffle qui composent ce nom de plume et de soie — *Whis-tler*, où ne sentez-vous pas, en effet, s'ouvrir et se fermer, palpiter les deux ailes peintes du papillon, — la signature ?

PISSARRO

Le Père Pissarro. On voudrait que la postérité
adoptât cette façon de dire coutumière aux
amis du maître disparu, même aux amis seulement de sa peinture et qu'il ne connaissait pas.
Le « Père » Pissarro : c'est l'homme et c'est l'artiste. C'est le doux vieillard aux yeux fins et
bons, pleins de vivacité à la fois et d'expérience,
d'esprit et d'indulgence, à la blanche longue
barbe où fleurissait un sourire, et c'est aussi le
peintre qu'il fut, perpétuellement assis devant
le paysage, interrogeant la nature dans un langage direct, familier, le traduisant par des pro-
cédés simplifiés qui étaient très savants ; devenus habituels, ils lui permettaient d'exécuter
avec une bonhomie exquise les plus prestigieux
tours de virtuosité.

Dans l'histoire de l'art, Pissarro ne passera

point pour un ancêtre, un initiateur, le type original de qui procèdent nombre de générations. Ce n'est pas ce qu'on entendait sous ce titre de père qui, tout autrement, le désignait si bien. Encore qu'il ait fortement marqué sa place dans les rangs des beaux peintres révolutionnaires, on ne peut vraiment et au propre le considérer, à l'égal de Monet et de Renoir, comme un novateur.

« Le Père Pissarro ». C'est à son sourire et à sa pipe qu'on pensait, qu'on pensera, en disant ainsi, plutôt qu'à son cerveau et à son pinceau. — Et tout de même il y a de la fumée de sa pipe dans ses tableaux, et de son sourire...

* *
*

Pissarro, qui vient de Corot et de Millet, suivait sans doute les mêmes voies que Monet, Renoir, Sisley... Mais il allait plus lentement qu'eux, plus timidement, avec moins d'ardeur et d'instinct. Ils arrivèrent au but avant lui. Alors, avec une sincérité admirable, il se dirigea vers eux et se fit leur élève. — Il était leur aîné.

Ce sera l'heureuse caractéristique de toute sa
longue carrière, que cette abstraction de soi-
même, cette absence de toute vanité, cet exclusif
amour de l'art qui ne permit jamais à Pissarro
de s'arrêter à des considérations de (fausse) dignité personnelle devant une création, un espoir,
une possibilité de développement. Aucun souci
d'être le premier. Dès qu'il croyait voir briller
une nouvelle lueur à l'horizon, il courait à elle,
et c'est ainsi qu'après avoir été l'élève des impressionnistes il se fit l'élève des néo-impres-
sionnistes et apprit d'eux le procédé de la divi-
sion des tons et de la peinture au petit point ;
ajoutons qu'il y renonça vite. L'exemple n'en
est pas moins beau qu'il laisse : « Etudiant éternel ! » Cette définition qu'Alfred de Vigny
donnait de lui-même — et du Poète — convient
à Pissarro. C'est donc qu'il fut vraiment un
artiste.

*
* *

Il fut un artiste, et son œuvre en témoigne
comme sa vie, — malgré la fausse et misérable
idée qu'il s'était faite de l'art, idée qui lui fut

commune, si je ne me trompe, avec la plupart de ses confrères en impressionnisme et qui est fort à la mode.

J'en trouve la formule dans un écrit déjà ancien (1891) de M. Octave Mirbeau. Le morceau est tel qu'il n'y faut rien changer ; je cite : « Non seulement M. Pissarro peint, mais il sait « pourquoi il peint ; et ce qu'il peint, il en rai- « sonne en technicien et en philosophe. En outre, « il s'est fait du rôle social de l'artiste une con- « ception large et saine, qui l'a toujours pré- « servé de l'étrange manie de particularisme et « de divinisation, dont sont atteints la plupart « de nos petits peintres, gonflés de si énormes « vanités. Il ne croit pas que le peintre soit un « être d'essence supra-terrestre, en dehors et en « dessus de l'humanité. Il pense fermement que « le peintre « est dans l'humanité », au même « titre que le poète, l'agriculteur, le médecin, le « forgeron, le chimiste, l'ouvrier qui tisse, qui « rabote, qui tourne le cuivre et trempe l'acier. « Pour lui, le peintre n'accomplit point une « mission ésotérique, ni de luxe ; il concourt, « ainsi que tous ceux-là qui font quelque chose « d'utile et de beau, à l'œuvre d'harmonie gé-

« néralé qui est d'exprimer l'univers, suivant
« les aptitudes individuelles dévolues à chacun
« de nous, par la nature, l'éducation, le milieu,
« et d'en extraire une parcelle de force et de
« beauté. Les tableaux du peintre, les statues
« du statuaire doivent constituer, non plus
« d'inabordables trésors ou d'inviolables fé-
« tiches religieux, mais des apports sociaux qui
« ne valent, comme toutes les autres produc-
« tions du travail ou du génie humain, que par
« les énergies d'intelligence et d'amour qui y
« furent dépensées, et surtout par la somme
« d'éducabilité expansive qu'ils contiennent. »

On aime voir les écrivains en cette humble
attitude de candidats au tutoiement du laveur
de vaisselle et du remueur de fumier. Et je parle
de ces apôtres au pluriel, parce qu'en effet ils
sont toute une bande à professer cette — doctrine, que : le poète, l'artiste et le philosophe
sont les égaux du tailleur de pierres et du
tailleur d'habits. Je ne veux pas discuter... En
passant, seulement : de quelle égalité parle-t-on ?
Devant le droit à la vie, à l'amour, naturellement, devant la loi et le bulletin de vote, artifi-
ciellement, nous sommes tous égaux — en fait,

sinon en principe ; mais, quant à l'emploi de
nos forces, comment pourrions-nous seulement
poser la question de savoir si nous sommes
égaux ou non, quand nous voyons que nos acti-
vités évoluent dans des domaines incommunicables entre eux, incomparables ? Si le poëte et
le goujat « sont au même titre dans l'humanité »,
l'ânier et l'âne aussi, et la machine autant que
le mécanicien ! Du reste, dans la dernière des
lignes que je viens de citer, M. Mirbeau a pris
soin de se condamner lui-même : si, comme il
le pense honnêtement et l'écrit en style léger,
les productions humaines « ne valent que par
les énergies d'intelligence et d'amour qui y
furent dépensées, et surtout par la somme d'éducabilité expansive qu'elles contiennent », comment donc « l'apport social » du tourneur de
cuivre et du trempeur d'acier serait-il humain
au même titre que l'apport social du poète, de
l'artiste et du philosophe ? Est-ce que, par
hasard, dans un robinet de fontaine ou dans une
lame d'épée on trouverait, en y regardant bien,
je ne dis pas la même « somme d'éducabilité
expansive » que dans une page de Rabelais ou
de Shakespeare, que dans une sonate de Bee-

thoven, que dans une toile de Delacroix, mais
une somme quelconque « d'éducabilité expansive » et la moindre « énergie d'intelligence et
d'amour ? » La vérité bien certaine, c'est que
justement le trempeur d'acier et le tourneur de
cuivre ne sont « dans l'humanité » à aucun titre
au moment où ils tournent le cuivre ou trem-
pent l'acier : *parce qu'ils ne s'ajoutent pas à leur
effort*, parce qu'ils l'accomplissent sans que leur
intelligence — ou si peu ! — ni leur cœur y par-
ticipent ; c'est que ni l'âne ni l'ânier ne sont
dans l'humanité, parce que leur activité n'est
pas plus susceptible de développement que
celle d'un fonctionnaire. L'œuvre humaine,
oui, c'est l'œuvre d'Amour et de pensée ; elle
est confiée principalement (1) au poète, à l'artiste, au philosophe et au savant. Ceux-là
s'ajoutent, ceux-là seuls, à leur effort, et sans
cesse par lui *se développent*. Ils ne sont ni en
dehors ni au-dessus de l'humanité, mais ils
sont ses représentants, chargés de sauvegarder,
de conserver pure sa notion même, *sa réalité
essentielle, c'est-à-dire son Idéal.* Laissons l'éso-

(1) J'entends l'œuvre, la production : l'ânier et le mécanicien
rentrent dans l'humanité en qualité de pères, d'amants, d'amis...

térisme aux images et le luxe aux bourgeois :
c'est d'une vérité simple que je parle. Le poëte
et l'artiste, plus encore que le philosophe et le
savant (ceux-ci peuvent ne s'inspirer que de
l'intelligence, ceux-là procèdent toujours et de
l'esprit et du cœur), sculptent incessamment la
statue humaine et alimentent la vie de sa beauté
afin que les races se souviennent de leur conscience et gardent la tête levée. Certes, ils ont
une mission...

On pourra dire : qu'importe qu'ils l'ignorent,
pourvu qu'ils s'en acquittent, — comme il ad-
vint sans doute à Camille Pissarro ? — Non !
L'idée que l'artiste se fait de son art ne lui est
pas indifférente. Il peut perdre, à se croire de
la famille de l'ébéniste ou du maçon, ce sens
aristocratique, cette féconde idolâtrie de son
rôle et de sa création qui conseillent au peintre
de cacher son métier, de garder secrète sa technique, pour ne laisser voir que le résultat labo-
rieusement cherché. Et de fait il faut bien convenir que, chez les impressionnistes, la cuisine
de la peinture s'avoue, s'affiche avec une fran-
chise parfois offensante. Serait-ce qu'après
avoir consenti à fraterniser avec les manou-

vriers ces peintres en soient logiquement venus
à voir dans leur art un métier seulement ?

*
* *

Il n'y a point de mal à dire, ce n'est pas le cas,
des Impressionnistes à propos de l'un d'eux des
temps héroïques. Je crois qu'aux premiers jours
on leur fut injuste par une aveugle, incompré-
hensive résistance ; je crois qu'on leur est tout
aussi injuste encore à cette heure, mais dans
l'autre sens, par un également aveugle et in-
compréhensif entraînement. De toutes parts, du
reste, déjà point la nécessaire réaction contre
d'évidents excès. L'impressionnisme lui-même
fut une réaction nécessaire — et c'est ainsi de
successives réactions, les unes par les autres
provoquées, les unes aux autres enchaînées, que
se compose l'histoire de tous les arts comme
aussi de la littérature ; le tort de l'impressionnisme serait de se croire éternel, de fermer le
chemin, de se fixer ; alors il se mentirait à lui-
même. Il a été un geste, un « mouvement »,
c'est-à-dire une vague de l'océan humain ;
« les vagues se suppléent éternellement », disait

Hugo, et c'est leur condition et c'est leur raison d'être. Aux classiques succèdent les romantiques, aux romantiques les parnassiens, aux parnassiens les symbolistes, et c'est la loi des contrastes harmoniques, souverainement, qui préside à cette succession ; car chacune de ces vagues a son impulsion propre et semble venue seulement pour arrêter dans sa carrière, pour frapper, détruire et remplacer celle qui la précède : toutes deux pourtant sont faites du même élément, l'ensemble de leurs petites discordes forme un grand concert, et ces contestations, ces usurpations, ces successions nous rendent compte de la pensée et de son activité perpétuelle.

Il est certain que l'impressionnisme fut, dans sa nouveauté, pour la peinture, une délivrance. Quelle exaltation s'empara des peintres, quand enfin le soleil se leva pour eux, quand enfin ils virent, ils eurent l'audace et la joie de voir « le spectacle des choses éclairé par l'action solaire ! » (1) Avec quelle bravoure ils menèrent les grands combats, ces expositions que les

(1) Gustave Geffroy : *La Vie artistique.*

critiques officiels qualifiaient d'exhibitions de
caricatures prétentieuses et qui resteront de
glorieuses dates dans l'histoire de l'art français,
au xixe siècle !

Sans avoir jeté le premier cri de révolte, Pissarro fut de la première levée insurrectionnelle,
de cette exposition d'avril-mai 1874, chez Nadar, où l' « Impressionnisme » reçut le baptême.
On sait que le mot *Impression* servait de titre
à l'une des toiles de Monet dans ce petit salon.
Les détracteurs des nouveaux peintres voulu-
rent, ironiquement, à tout le groupe infliger
l'étiquette choisie par l'un de ses membres. La
raillerie était inoffensive, et même, en somme,
le mot eût pu être plus mal choisi. Cette peinture, en effet, selon la définition qu'en donne
Geffroy, « qui va vers le phénoménisme, vers
l'apparition de la signification des choses dans
l'espace et qui veut faire tenir la synthèse de
ces choses dans l'apparition d'un moment »,
n'est-ce pas bien une notation d'*impressions*,
— ou l'Impressionnisme ?

Ce programme convenait à Pissarro mieux
qu'à personne. Il le cherchait déjà auprès de
Corot, de qui d'abord il reçut ce précieux prin-

cipe des valeurs auquel, toute sa vie durant, il devait rester fidèle ; et son goût instinctif pour une grande simplicité dans la distribution de ses plans — simplicité qui laissait parfois, au temps de sa première manière, le cadre un peu vide, — le préparait à accueillir comme un bienfait le conseil de donner ces amples espaces aux grands jeux de la pleine lumière. En outre, sans génie personnel, il devait subir avec docilité l'influence des esprits puissants que son sort était de rencontrer dans sa propre voie, Manet et Monet, Cézanne et Renoir.

Le nom de Camille Pissarro voisina donc dès la première exposition impressionniste avec ceux de Cézanne, Degas, Guillaumin, Monet, Berthe Morisot, Renoir, Rouart, Sisley. Il partagea leurs luttes, il eut sa part abondante d'injures ; entre eux il marqua sa place et la garda.

★
★ ★

Que maintenant on cherche à définir au résumé le caractère propre de cette peinture et à préciser la personnalité de cet artiste, on reviendra, par un commentaire, désormais limpide, aux premiers mots de cette étude : *Le Père* Pissarro.

Une profonde tendresse pour la nature réduite aux espèces de la « campagne », avec quelques intermèdes de passions citadines, voilà quant au fond, — et il est tout à fait superflu de nous parler de philosophie à propos de Pissarro, car il n'y en a point dans son œuvre. A cette tendresse foncière ajoutez le don admirable et rare de voir clair, de voir net, de *voir sans souvenir* : de ce don et de cette tendresse concertés résulte l'œuvre tout entière du peintre de Pontoise et d'Eragny. Il a, selon un mot connu des Goncourt, « osé un peu la couleur qu'il voyait ». Il aimait cette couleur, il l'a douée de vie. Point de préconception et, proprement, point d'idéal. Son esprit est dans ses yeux et ses yeux sont tout *au moment lumineux*. S'il a des pensées, devant la « campagne » il les oublie. Son désir unique, despotique et exclusif, est de rendre ce qu'il voit comme il le voit, c'est-à-dire d'arriver à se servir si agilement de ses mains qu'elles deviennent comme de vibrants et justes échos de cette chose sonore qui chante pour ses yeux : la lumière colorée. C'est pourquoi il est si curieux des techniques nouvelles, si aux écoutes, et, dès qu'il croit entendre une parole précieuse, si docile à la percevoir. Encore une fois, il n'a aucune vanité, — et j'insistais tout à l'heure sur le beau spectacle, le grand exemple que nous donna ce vieux maître allant à l'école chez des jeunes gens. Mais sa modestie dépasse nos louanges : elle procède de trop haut pour être méritoire, elle a cette divine fatalité de la passion. Pissarro n'a pas le temps d'être vaniteux. Il est bien trop occupé de son désir de donner un double à la nature, à *sa* nature, à la nature telle qu'il la voit. Ce désir absorbe toutes ses forces et tous ses instants. Ce désir, qui est son motif de vivre, a fait de lui un questionneur perpétuel, — un questionneur muet. Il interroge sans cesse le soleil et les champs, la ville quelquefois — Rouen, Paris, — à la lumière et aux masses qu'elle éclaire demandant le secret de leur grande harmonie. Le secret de la nature est multiple : il est lui-même en harmonie avec chacun de nous. Elle dit sa splendeur et parfois sa fureur à Monet, sa joie féerique à Renoir, sa délicatesse à Sisley... Elle fait à Pissarro de moins précieuses confidences et il serait difficile

de les résumer d'un mot. C'est sa simplicité et
fût-ce sa rudesse, c'est sa fraîcheur et fût-ce sa
candeur un peu lourde, un peu aigre, de pay--
sanne, c'est sa solidité surtout qu'il a vues, et
comment cette solidité sait se varier infiniment.
Personne mieux que lui, personne peut-être
aussi sûrement n'a exprimé la densité diverse
des terrains, non plus que la fluidité diverse des
atmosphères. Avec l'effort de masquer la vérité
changeante et éternelle des saisons, l'exact por--
grès de la floraison et du mûrissement, c'est
peut-être son plus constant souci, — celui de
rendre l'impression du sol, la profondeur du tuf,
l'élasticité grasse du labour, le poudroiement de
la route, et des observations directes et cons--
tantes lui ont donné en ce sens une maîtrise
incontestée. Il se laisse même trop volontiers
gouverner par elle, et souvent, à mon gré, la vie
individuelle de chaque terroir s'affirme trop
nettement, aux dépens de l'ensemble. Il arrive
qu'un terrain chez Pissarro, très heureusement
relié à l'atmosphère, soit comme indépendant
d'un terrain contigu. En d'autres termes (et
cela est bien le fait d'un peintre qui n'est que
peintre, sans philosophie et sans idéal), malgré

les incontestablement beaux enveloppements de la lumière et de l'air, la grande ligne ferme, par qui dans un paysage comme dans un visage tout ne fait qu'un, est souvent interrompue, et les tableaux de cet artiste connaissent d'autres bornes que celles du cadre. Il possède, pourrait-on dire, l'espace dans son étendue plutôt que dans sa continuité.

Une critique plus grave viserait les personnages que Pissarro introduit dans ses paysages. — On a beaucoup reproché à Millet son humanité déclamatoire et sentimentale, romanesque et pour tout dire littéraire. On ne fera pas les mêmes reproches à l'humanité de Pissarro. Ce ne sont pas ses paysans et ses paysannes qui débordent sur la terre et la transforment en toile de fond pour une pièce à thèse. Ils sont rustres à rejoindre les terrains, effacés à se confondre avec les végétations. Au vrai, ce ne sont ni des hommes ni des femmes, — mais d'autres choux et d'autres salades, « accidents de la nature ». Ainsi peint-on « par grandes généralisations ». — Avant dix ans, il sera banal de dire : cette humanité réduite de parti pris est aussi conventionnelle que l'humanité grandie de parti pris de Millet. Et contre l'un ni l'autre des deux peintres il ne faut exagérer le grief. Tous deux furent de leurs temps, tous deux cédèrent à des impulsions puissantes et momentanément justifiées, l'un à des considérations d'ordre général parce que son génie le maintenait en relation avec toute l'humanité, l'autre, parce qu'il dépendait exclusivement de son art et du métier de son art, à des besoins techniques.

Ses dernières œuvres, ses études de Paris vu de haut — *Avenue de l'Opéra, Boulevard Montmartre*, etc. — échappent à ces critiques. Le grouillement coloré de la vie multitudinaire et infiniment petite, la massivité rectiligne des maisons exemptaient l'artiste des dangers qu'il rencontrait dans l'espace libre du paysage et dans l'unité humaine. Il faut ajouter que ces toiles parisiennes sont parmi les plus belles qu'il ait signées. Et pourtant on y regrette la bonhomie rustique du paysagiste, on y regrette — le Père Pissarro. Et toujours, en faisant taire des préférences, — après tout arbitraires, peut-être, — qu'on n'a pu dissimuler pour un art plus cérébral et plus sentimental, plus lyrique

aussi, c'est au peintre savoureux, précis, ren-
seignant, de l'Ile-de-France qu'on retournera
quand on voudra rechercher le plaisir d'un art
simple et fleurant bon la vérité immédiate de
la terre. C'est là que fume à jamais la pipe de
Pissarro et que brille encore son sourire, dans
ces campagnes où il fut, avec son pinceau pour
tout instrument aratoire, un si soigneux jardi-
nier. Possible qu'il fût trop uniquement peintre,
possible qu'il n'ait pas manifesté pour les
hommes un bien ardent amour, possible qu'il
ait manqué de grandes pensées, — mais il avait
le goût, le sens, le culte des terres et des ciels,
des arbres et des fleurs, et il a su, tels qu'il les
voyait, les recréer.

FANTIN-LATOUR

La carrière de Fantin-Latour, si une, si simple au premier regard, à la réflexion se complique étrangement.

Que fut-il ?

— Un artiste, dans la plus pure et la plus exclusive acception de ce mot, du premier jour au dernier.

Belle louange déjà, pleine et précieuse, que cette constatation par personne discutée. « Il est une gloire de la peinture », écrit Rodin.

Mais comment pourrons-nous définir l'art de cet artiste ? Comment se nuancent son talent et sa gloire ? Qu'a-t-il fait ?

Sera-t-il juste de dire — nous souvenant de ses portraits, puis de ses fleurs, enfin de ses compositions mythologiques — qu'*il est allé de la réalité au rêve en traversant un jardin* ? Et si telle fut la ligne de son développement, y devrons-nous lire une ascension, ou tout au contraire ?

Est-il besoin de discuter, pour la rejeter, en art, s'ils prétendent désigner le même artiste, l'opposition de ces mots, réalité et rêve, — ou réalisme et idéalisme ?. Mais matériellement même cette histoire de toute une vie en une phrase ne serait pas tout à fait vraie, puisque Fantin débuta — en 1861, il avait vingt-cinq ans — par trois études d'après nature et quatre lithographies dont trois « de rêve » : *Tannhœuser au Vénusberg, Vénus désarmée, l'Education de l'Amour et les Brodeuses.* Il est remarquable toutefois que la plupart des œuvres d'après nature et notamment les grands portraits sont de la première partie de sa vie et qu'il en consacra presque exclusivement le dernier tiers à ses compositions d'après quelques musiciens. D'autre part, on ne peut oublier pourtant qu'il commença par une étude ardente, assidue, approfondie, vénérante, des maîtres d'autrefois, qu'il est en quelque sorte né au Louvre, qu'à l'atmosphère de la vie des hommes il a tout de suite préféré celle de la vie des chefs-d'œuvre,

qu'il fut plus que tout autre peintre peut-être
épris du tableau, des tableaux, de tous les
beaux tableaux, et aussi des belles symphonies,
et encore des beaux poèmes. Loin de moi la tentation d'insinuer que de la sorte il s'entoura
d'artificiels prestiges — car qu'y a-t-il de plus
réellement, de plus intensément vivant que
l'œuvre d'art ? Mais sa vie n'est point soumise
aux mêmes conditions que la vie des mortels.
Celui qui, dans l'ardeur de sa jeunesse, choisit
pour lieu d'élection cette prison magnifique, un
Musée, et des années durant y passa toutes ses
journées, aussi bien celles de soleil que celles de
brumes, celui-là se déclara plus curieux des
moyens d'exprimer la comédie humaine par les
couleurs, les lignes et leurs rapports que de cette
comédie en soi, plus curieux de l'entretien du
génie avec la nature que de la nature même, et
c'est là une disposition d'esprit très spéciale,
qui classe un homme dans l'espèce des spécula-
tifs, des savants, des « humanistes ». Nous ne
nous étonnerons point si nous le voyons, par la
suite, éviter le contact et même le spectacle des
foules, se confiner dans la société d'un très petit
nombre de personnes, et laisser d'année en an-

née s'en resserrer le cercle. L'âme éclose au Louvre achevait, enclose à l'atelier, de s'orienter au passé, demandant toujours plus jalousement aux peintres, aux musiciens et aux poètes morts le repos d'une production étrangère aux soins du temps.

Les premières lithographies féeriques et les copies au Louvre étaient donc les indications précises de toute une existence, qui devait s'achever dans un isolement très noble, un peu attristé, et nous pouvons, en tenant compte des fatalités logiques de cette pure et froide destinée, clairement prédite tout entière dès le commencement, y noter des termes approximatifs de progression.

Si peu que Fantin se soit jamais mêlé au mouvement contemporain, nous le voyons s'écarter toujours davantage de la vie commune. D'abord, il a des maîtres, des camarades, entre eux quelques amis. Duranty veut le compter, lui aussi, — pour des affinités artistiques corroborées par des relations personnelles — dans le groupe de *La Nouvelle Peinture*, avec Ingres, Courbet, Millet, Corot, Chintreuil, Jongkind, Boudin, Legros, Whistler, Manet, Ribot, Ste-

vens, Méryon, Bracquemond. On le rencontrait,
le soir, dans les années tumultueuses de l'impressionnisme, au fameux café Guerbois, avenue de
Clichy, auprès de Monet, de Pissarro, de Renoir,
de Degas, de Cézanne, de Zola. Pourtant, jamais
Fantin ne prit part aux expositions impressionnistes ; jamais, même, il ne consentit à se
joindre — exception faite pour le *Salon des
Refusés* (1863) — aux compagnies protesta-
taires ; d'instinct, et sans doute par une conséquence harmonique de l'orientation de son art,
il s'inscrivait dans les associations d'ordre très
classé, et c'était hier l'un des derniers vrais
peintres qui exposassent encore — quelquefois
— au Salon des Champs-Élysées. — Et puis, les
œuvres et les années se succèdent. Fantin
semble penser que par ses grands portraits collectifs, *Hommage à Delacroix*, *Un Atelier aux
Batignolles*, *Le Coin de Table*, etc., il a payé sa
dette aux contemporains ; il se détourne d'eux,
et si désormais on lui demande pourquoi il ne
donne pas une suite à ces admirables pages
d'art et d'histoire, il répond que c'est très difficile, qu'il y faut des conditions particulières
maintenant dépassées, des rencontres heu-

reuses dont la vie se fait pour lui de plus en plus
avare ; au vrai, les rencontres, il ne les provo-
quait guère, et les conditions particulières, il
les fuyait. Même la nature, jadis observée directement à ses instants de repos et de séré-
nité, ne l'intéresse plus que rarement. Fantin a
pris sa vie hors du temps et de l'espace, dans
une perpétuelle et discrète célébration intérieure de fêtes poétiques, et nous devons à cette
recherche délicieuse d'adorables merveilles, —
mais plusieurs ont tout de même longtemps re-
gretté le portraitiste, l'observateur, plus simple,
plus direct, plus varié, et pensé que l'artiste,
mort à soixante-six ans, n'a pas tenu toutes les
promesses de sa trentième année. C'est peut-
être là le témoignage de quelque ingratitude
puisque enfin la haute maturité de Fantin-Latour produisit, dans ses innombrables séries
féeriques, maintes choses délicatement char-
mantes, comme l'*Eve*, comme *la Nuit*, et tant
d'autres, et cette *Hélène*, si divinement belle, si
voluptueusement enveloppante, figure de rêve
aussi vivante, aussi réelle que la Volupté et la
Beauté.

J'aimerais m'arrêter longuement à ces œuvres

qui témoignent de tant de science plastique et
de tant d'intuition poétique. J'en veux, pour
le moment, noter surtout le caractère objectif.
Elles sont objectives à l'humanité même autant
qu'à leur auteur ; productions de la maturité
d'un monde pauvre d'espérances et riche de
souvenirs : il ne songe plus à se multiplier, ni
même à renouveler son geste, mais, les yeux
ouverts en dedans, il fait la somme des trésors
de sa mémoire, riche de toutes les idées des
poètes, de toutes les expressions des artistes, —
en un mot, de toute la Tradition.

Il fallait, pour un tel art, essentiellement solitaire, sinon négatif, un homme qui eût en lui
le principe même de la Solitude. Il fallait Fantin.

Cette mission de vivre dans l'art comme les
autres hommes vivent dans l'air, de rester
étranger à la vie commune, à ses joies brèves et
intenses, à ses luttes, aussi à ses petitesses, afin
de pouvoir, librement attentif, seul, accueillir et
s'assimiler *tout le passé en beauté* — peinture,
poésie, musique — et s'y ajouter exemplaire-
ment sans cultiver ses différences, — Fantin la
reçut de sa propre nature, discrète, contempla-

tive, studieuse, et qui avait froid des gens ; il y
accéda — non, ce ne fut pas une décadence —
par un développement ininterrompu, admirable,
et qui pourtant dut être pour l'artiste lui-même
un développement souvent désenchanté, comme
il sera déconcertant pour les historiens de l'art
en ce temps : un esprit exquis et fort s'isolait,
se séparait des vivants en s'affirmant, en se
réalisant ! Lui, qui, loin de chercher à s'excepter par l'accentuation méthodique de tel
trait singulier de sa vision, de son talent, s'efforçait de rejoindre les maîtres éternels, il était
devenu comme anormal par cette extrême conformité aux types les plus élevés de l'espèce, et
il ne rencontrait plus personne dans la route si
large où il marchait d'un pas si sûr, — plus personne, que de grandes ombres.

Les qualités constitutives de son tempérament le prédestinaient, dis-je, à cette mission ;
mais la vie l'y encouragea en respectant le silence de sa pensée, — trop peut-être. Elle ne le
rappela point aux préoccupations du moment
et de l'avenir par le sourire plaintif d'un enfant ; les contemporains de Fantin ne prirent
point à ses yeux — car l'enfant qui nous est

donné, n'est-ce pas, pour chacun de nous, la
vivante synthèse de l'humanité entière ? — la
forme attendrissante du petit être qui, venu de
lui, l'aurait bien forcé à s'inquiéter du bruit des
heures. Cette grande privation, je me persuade
qu'elle ne fut pas étrangère au parti-pris de
désintéressement qui définit l'art de Fantin.
Je sais que plusieurs événements publics l'ému-
rent et qu'il manifesta, par des paroles, son dé-
goût d'honnête homme pour certaines abomi-
nations de ce temps. De sa sincérité je ne doute
pas ; mais, si ses sentiments avaient été bien
profonds, n'en retrouverions-nous rien dans son
œuvre ? Je crois qu'ils ont seulement contribué
à justifier au regard de sa conscience son volontaire exil, à lui montrer le monde tel qu'il est
ou, si c'est possible, plus triste encore, plus
sombre. Si son œuvre a un sens temporel, c'est
celui d'une protestation très hautaine et très
discrète. Les portes et les fenêtres fermées, le
dos tourné à la rue, Fantin peignait sur son
mur, et ce n'est pas du dehors que lui venait la
lumière.

Jusqu'aux liens d'autrefois, artificiels un peu,
entre le monde et lui se brisaient un à un. Ni

les femmes ni les artistes n'offraient plus à
ses désirs d'admiration et de sympathie les
grâces nobles aimées de sa jeunesse, ne con-
sentaient plus à l'idéal toujours plus affiné
de ses personnelles recherches. Il voyait avec
horreur les peintres à la mode, les portrai-
tistes célèbres cuisiner sans honte, et dans l'oubli du rôle essentiel d'initiateur qui est celui de
l'artiste, les charmes horribles d'une clientèle
sottement cossue et rivaliser de toute leur palette avec le tapage des discordantes toilettes.
Il pensa que la dignité de son âme et de son art
était au prix du recul, de l'exil, de la solitude,
et, loin d'une époque dont les mensonges et les
goujateries, les vanités et les honneurs sont par-
fumés de cambuis, de gaz et de pétrole, il vécut
des jours austèrement délicieux parmi les tableaux, les fleurs, la musique, les poèmes, dans
une attitude qui fut la condamnation muette
de ce temps, de ce gouvernement, de l'Institut
et de la Direction des Beaux-Arts.

Qu'on me pardonne d'insister trop peut-être
sur cette psychologie d'un grand artiste. N'y
a-t-il pas là pour tous un enseignement ? Ne
pouvons-nous, sans ingratitude — car cette

extrême exigence atteste une si rare estime ! —
nous demander si l'auteur de tant d'œuvres
nous devait encore davantage ? si sa retraite
fut une erreur, une chute, ou un essor — dé-
solé ? — Admirons ce qui est admirable : les
œuvres. Mais n'oublions pas que les plus grands
poètes et les plus grands artistes furent les plus
inquiets du présent et de l'avenir de leur race
(dont ils se savaient les éclaireurs, les directeurs
naturels), les plus mêlés à l'action commune. Je
ne crois pas, bien qu'on lui ait prêté ces paroles,
que Fantin-Latour fermât sa porte parce qu'il
était « effrayé de ce qui lui restait encore à
dire », parce qu'il craignait d'être réduit au silence avant d'avoir tout dit. Gœthe, au sommet
de sa vieillesse, écrivait : « J'ai le bonheur de
sentir qu'il me vient maintenant des idées qui,
pour être poursuivies et mises en œuvre, de-
manderaient une réitération de l'existence. »
Et la certitude de se taire « avant d'avoir tout
dit » n'empêchait point ce grand entre les grands
de veiller sur les destinées du duché dont il
était le principal fonctionnaire, ni de converser
par la parole et l'écrit avec ses amis innombrables, ni de s'informer en détail des graves

événements qui troublaient alors l'Europe. Il ne croyait pas perdre son temps, lui l'Olympien, en vivant *toute* sa vie d'homme et de poète, en étant le contemporain de Napoléon — et d'Homère ; mais il ne consentait au sommeil que repu et recru d'activité et de fatigue... Non, Fantin, si intelligent, n'a pas pu dire les paroles qu'on lui prête, — et nous savons assez d'ailleurs pourquoi il fermait sa porte.

*
* *

Son œuvre est énorme.

Nous ne la partagerons pas, comme on a fait, en deux catégories désignées chacune d'un mot : œuvres réalistes, œuvres idéalistes, et dans la première desquelles on compterait les portraits, à un, à deux, à plusieurs personnages, les *Liseuses*, les *Etudes*, les natures mortes, tandis que dans l'autre se classeraient les interprétations de Wagner, de Berlioz, de Schumann, de Brahms, de Rossini, les *Féeries* et même ces nus féminins où si intimement sont associées la rêverie et l'observation. Rien de plus commode que les distinctions de cet ordre, et rien de

moins légitime. Elles impliquent, non pas le
contraste essentiel à toute œuvre et à tout
homme d'art, mais la plus irréductible contra-
diction. On peut être mystique et sensuel, et,
de fait, si tous les sensuels ne sont pas mystiques, tous les mystiques sont sensuels. On
n'est pas idéaliste et réaliste. En philosophie,
ces termes désignent deux systèmes de pensées
ou deux groupes de penseurs respectivement
exclusifs. En art, théoriquement, ces mots con-
servent toute leur signification philosophique,
et pratiquement leur opposition s'aggrave des
fatalités physiques qui gouvernent le tempérament de chaque artiste ; aussi personne n'est
exposé à confondre deux peintres dont l'un se
persuade que les choses existent seulement
dans sa sensibilité et dont l'autre croit à la réalité objective de l'univers, — soient ces convictions en eux raisonnées ou instinctives. Et tout
le monde s'attend à tout, sauf à voir Corot
peindre comme Courbet ; car il est permis aux
philosophes de changer de doctrine, s'ils s'y
pensent contraints par d'invincibles arguments,
— et encore... — mais la meilleure dialectique
serait de peu d'effet sur un artiste ; on ne s'ima-

gine pas qu'un homme puisse, au gré de sa raison capricieuse, changer de nature.

Purement verbale et formelle, l'erreur n'aurait pas d'importance : mais elle peut déterminer une confusion foncière. A distinguer chez Fantin des œuvres réalistes et des œuvres idéalistes on ne veut pas seulement et innocemment dire qu'il a peint tour à tour d'après nature et selon son imagination, — ce qui déjà, formulé absolument, serait faux, — on sous-entend une transformation, la succession de deux manières ; la première serait toute objective et procéderait de la réalité extérieure scrupuleusement observée et fidèlement transcrite ; la seconde serait toute subjective, le produit d'une imagination affranchie des servitudes de la vision naturelle.

Il ne faut pas même s'arrêter à rappeler que ces deux manières contraires, et qui témoigneraient d'un monstrueux désordre, auraient été simultanées chez l'artiste, puisque dès les premières années de sa production il exposa aux mêmes salons des portraits fort ressemblants et des compositions d'après tels drames musicaux. Plus importe d'observer que très profon-

dément portraits et compositions témoignent
du même désir d'art, forment un ensemble
d'œuvres parfaitement harmonique.

Car les prédilections de Fantin sont despo-
tiques et évidentes, et, avec un homme de cette
intelligence et de cette science, de cette puissance de réflexion et 'd'exécution, pour savoir
au plus précis ce qu'il a voulu faire il suffit
d'examiner ce qu'il a fait et comment il a fait.
Soyons assurés qu'il ne s'est point laissé entraîner hors de ses voies. Comme son ami Whistler,
avec qui il a plus d'une ressemblance, c'est un
homme de volonté et de choix. Ni l'un ni l'autre
n'est troublé par une excessive tendresse, et
tous deux pour passion unique ont celle de leur
art. D'autres sont venus pour donner des indications si prodigieusement nouvelles que, dans
la joie angoissée de fixer leur désir, dans la ter-
reur de voir se dissiper soudain la mystérieuse
nuée lumineuse, ils se hâtent derrière elle,
tremblants et balbutiants, cherchant partout
des forces adjuvantes dont ils font un amal-
game souvent incohérent, remettent à demain
l'acquisition de connaissances secondaires, mais
nécessaires, dont ils restent pour leur malheur

et le nôtre privés jusqu'à la fin, vivent dans la fièvre et trouvent un précaire apaisement dans des partis-pris arbitraires où leur pensée s'obscurcit. Fantin et Whistler procèdent avec une imperturbable certitude, et le mérite de délicats, subtils et savants artistes comme eux, s'ils ne sont pas de ces inventeurs troublants, de ces « renouveleurs » à la fois bienfaisants et redoutables, n'en est pas moins précieux ; leur effort, pour faire moins de bruit, n'en est pas moins héroïque, — et c'est ici et là le même effort, en somme. Les uns se taisent parce que les autres ont assumé les responsabilités de la parole, mais je suis bien sûr que tous, révolutionnaires avérés et conservateurs apparents, ils doivent fort courtoisement se saluer au seuil de ces Élysées de l'Art où sans doute, dans la gloire, dans plus de beauté encore et dans plus de vérité toujours, ils poursuivent leur œuvre heureusement interminable et sans cesse transformée : ils n'ont d'immortel mépris, d'invincible haine que pour l'ennemi commun, le plagiaire.

Fantin est peut-être par excellence celui chez lequel on puisse apprendre comment un artiste doit étudier les maîtres sans perdre dans leur

compagnie sa personnalité — et quels sont les
dangers de cette étude, exclusive ou trop prolongée.

L'objet du constant et passionné désir de
Fantin, la condition nécessaire de sa joie spirituelle, c'est la réalisation d'une harmonie parfaite, toute vibrante d'intellectualité voluptueuse, significative de la vie intérieure la plus
élevée. La perfection humaine, il la rêva dans
sa pensée, qui fut celle du plus intelligent des
peintres, du plus largement et généralement
cultivé, et il la rechercha dans la réalisation
plastique. J'insiste sur ceci : l'intelligence de
Fantin-Latour. Elle était admirable de compréhension, de pénétration, d'assimilation ; ailée
de sensibilité, elle fut à merveille une « intelligence artiste » ; mais, consciente de soi et de ce
qu'il y a de divin dans ce don de penser, de
composer, d'inventer, de réfléchir, de réfléchir
sensiblement, dans cette joie d'ordonner poéti-
quement le monde lumineux des idées qui sont
constellées dans nos âmes, elle rechercha jusque
hors d'elle-même le spectacle miraculeux de
cette fête intérieure, et cette intelligence magnifique fut amoureuse des intelligences.

Voilà le secret de ses longs séjours au Louvre.
Il n'y allait pas seulement pour demander aux
Anciens les recettes techniques de leur réalisation. Il n'y eût pas fallu tant de temps à une
machine intelligentielle si supérieurement or-
ganisée. Mais son étude dépassait l'œuvre pour
remonter au principe de l'œuvre, à l'intelligence qui l'avait produite. Pour le regard de ce
devin les tableaux de Titien et de Véronèse de-
venaient des miroirs profonds où il voyait
vivre l'âme de ces sublimes créateurs dans
l'instant sacré de la création. Il surprenait
leur désir, leur conception personnelle de la nature, leurs certitudes héritées et leur part d'intervention, leurs doutes mêmes et leur inconsolable douleur de mesurer toujours un écart
entre la beauté que contemplait leur esprit et
celle qu'atteignait leur main. C'est ainsi que
Fantin put faire de maints tableaux célèbres
— des *Noces de Cana*, par exemple, qu'il
copia, assure-t-on, trois fois — de véritables « re-
productions ». Leur fidélité libre, vivante, ne
surprend plus : le jeune artiste voyait luire, devant ses yeux et devant son intelligence à la
fois conquérante et conquise, l'Idée même

que les maîtres avaient rêvé d'exprimer et dont
leur œuvre nous laisse une image si admirable à
notre regard, si pâle à leur gré.

On sent combien cette méthode d'étude est
favorable au développement du talent, du tempérament, de tout ce qui constitue chez l'artiste
l'être supérieur et exceptionnel, le Voyant, bien
plus encore que de la négligeable adresse et
même de l'utile science. Et voilà comment
Fantin est le Maître sans pair en l'étude des
Maîtres.

Mais il ne s'en tenait pas au simple et profes-
sionnel désir d'apprendre pour savoir (car le
meilleur moyen d'exceller en quoi que ce soit
fut toujours de dépasser l'objet immédiat de la
recherche, et le proverbe qui défend au savetier
de viser plus haut que la semelle est faux,
comme tous les proverbes). Le Louvre était
devenu pour lui le théâtre de cette Tragédie
effrayante et délicieuse : le combat du génie
avec la nature, le combat d'Œdipe et du Sphinx,
le combat de Jacob avec l'Ange, la fête sanglo-
tante et souriante, l'agonie voluptueuse de l'Intelligence.

Ne le voit-on pas tout de suite, c'est le goût,

transposé, d'analogues jouissances, aussi pro•
fondes, qui fit de lui le lecteur, l'auditeur assidu
des œuvres poétiques et musicales. Et quoi de
plus légitime ? Comme des peintres anciens il
empruntait seulement l'inspiration même qui
les féconda, ainsi fit-il des musiciens. Pas un
instant il n'a songé à préciser le décor d'un
drame musical de Wagner. Mais l'état d'âme,
« l'état de génie » où durent s'élever Wagner,
Berlioz, Schumann, pour écrire leurs œuvres,
vous pouvez là-dessus interroger Fantin : pour
les rejoindre il s'est placé — par l'analogie des
forces et la transposition des techniques — dans
le même état.

Maintenant nous pouvons avec certitude aller
plus loin : la Fête des Intelligences, Fantin ne
s'est pas contenté de la demander au monde
immense de l'art, il l'a demandée aussi à la vie.

C'est de ses grands portraits que je veux
parler.

Ce sont seulement des portraits d'artistes,
de poètes et de quelques femmes très belles.

Or, ce sont ces portraits-là qu'on appelle des
œuvres « réalistes ».

Soit. Tout aussi réalistes alors sont les com•

positions scéniques et musicales, et portraits et compositions, en somme, sont réalistes tout juste du même réalisme que les copies du Louvre.

Pour les portraits de femmes, les similitudes avec les recherches de style des compositions, avec les splendides effets d'enveloppement étudiés et trouvés, sont évidentes.

Pour les portraits d'hommes, hésite-t-on à reconnaître que le peintre s'efforce principalement, sinon uniquement, de rendre la vie intérieure dont tous ces beaux fronts pensifs gardent, ombres et clartés, la trace mystérieuse ?

Baudelaire, Verlaine, Rimbaud, Zola, Valade, d'Hervilly, Aicard, Blémont, Champfleury ; Manet, Whistler, Legros, Braquemond, Renoir, Monet ; Vincent d'Indy, Chabrier, Camille Benoît, A. Julien, A. Pigeon, — lui-même enfin, Fantin-Latour : l'*Hommage à Delacroix* (1854), l'*Atelier aux Batignolles* (1870), *Coin de Table* (1872), *Autour du piano* (1885), — ces tableaux collectifs sont célèbres et l'on a justement dit qu'ils sont dans la grande tradition de Rembrandt et des Hollandais. Mais ce qui les marque et les excepte significativement dans la tradition, c'est qu'à la différence de Rembrandt lui-même, et au lieu de fixer à toujours les unités réunies d'un syndicat commercial ou d'une assemblée municipale, le portraitiste moderne s'en prend et s'en tient à la seule élite des esprits, et dans celle-là même choisit l'aristocratie suprême, celle de l'art : les poètes, les peintres, les musiciens. En vérité, et de par l'évidence, ces portraits sont ceux, et seulement ceux-là, que pouvait peindre l'auteur des féeries musicales et poétiques. Peut-être — et sans doute — n'acceptait-il pas toutes les pensées de ses modèles : mais toutes l'intéressaient, parce qu'il avait l'amour de la vie intellectuelle.

— J'imagine qu'au café Guerbois, dans les fameuses discussions esthétiques du temps, Fantin devait être volontiers silencieux, observant, cherchant à voir, à lire, à saisir tout vivant, dans les yeux, sur le front et les lèvres de ses camarades, la forme de leur idéal de beauté. C'est par là, par l'élément pur et immortel de leur désir, qu'il se sentait le contemporain, le « semblable » de tous ces hommes si différents entre eux. Et c'est par là aussi, c'est grâce à la qualité spéciale de ce thème d'art que ses goûts faisaient si particulièrement sien, qu'il a pu un instant trouver le lien entre les préférences de son esprit ivre seulement de beauté esthétique, intellectuelle, et l'atmosphère de la vie en mouvement.

J'ai dit qu'il renonça brusquement à ce genre d'œuvres. Même, il détruisit l'une d'elles, que je n'ai pas indiquée, *le Toast*, aussi belle qu'aucune des autres, affirment ceux qui l'ont pu voir. Définitivement, il revint à la Fête des Intelligences sereines dont la vie ne se manifeste plus dans l'univers que par des créations d'art.

Au vrai, il n'avait jamais quitté le fauteuil une fois pour toujours loué à ce grand et universel Musée-Théâtre, où il n'y a que des « reprises ». La vie même, il l'avait transformée en musée, et c'est pourquoi on lui reprocherait justement peut-être de n'avoir pas su rendre assez sensible l'arabesque solide et souple qui réunit tous les éléments de la vie en une innombrable unité.

Car toutes les louanges ne reprendront rien à l'observation par laquelle j'ai prudemment commencé : Fantin a préféré la vie des tableaux à la vie des hommes. Sa personnalité était si

haute, si rare, sa distinction d'une qualité si
pure et si forte, qu'il a produit des œuvres im-
mortelles, des chefs-d'œuvre malgré, — oui,
malgré ce choix. N'en connaissons pas moins ce
qu'il y a de dangereux dans son exemple et
dans la fréquentation trop prolongée des maîtres morts.

Certains artistes se plaisent à dire qu'ils
trouvent la vie dans les musées, qu'elle est là
comme dans la rue, plus que dans la rue...

— J'y trouve la confrontation brusque des
différences et le heurt perpétuel de mille vies
dans une atmosphère raréfiée, consumée, irres-
pirable. Si dans la rue aussi les différences s'en-
trechoquent, elles sont bien moins accusées,
étant les signes de personnalités incomparable-
ment moins fortes, — et ne voyez-vous pas
qu'elles s'harmonisent, fusent et se fondent
dans l'air, sans doute déshonoré par de fâcheux
parfums, mais renouvelé sans cesse, et dans la
lumière intarissable ? Les différences, dans la
vie, ne sont point des fins, des ruptures ; ce
sont des nœuds de vibration de la chaîne inin-
terrompue. Dites où commencent la rue, la foule,
le défilé des passants, la ligne de l'horizon et le

moutonnement des blés dans un champ, des
vagues dans la mer. Dites où finissent les voix
d'une ville. Les lignes géométriques mentent
qui séparent un toit d'un autre toit, un corps
d'un autre corps : la lumière les réunit par d'évidents et délicieux rapports, et, si laides que
soient/les unités, l'ensemble est toujours beau.
C'est la vie, cela. — Au musée, je ne vois que
fins et commencements. Le chef-d'œuvre voisin
d'un autre chef-d'œuvre le nie. Les unités sont
admirables, il n'y a pas d'ensemble. Il n'y a
pas de vie. — Me fera-t-on dire que les musées
soient inutiles ? Je ne l'ai pas dit et je ne le
pense pas. Mais je crois qu'il faut y aller souvent
et qu'il ne faut pas y vivre.

Certainement, Fantin a trop prolongé son
séjour dans ce milieu. N'y a-t-il pas contracté
— comme une maladie — cette haine si caractéristique du paysage ? N'y a-t-il pas aussi
appris à voir trop nettement, *trop séparément*,
les diverses parties d'un tout ? On ne peut
refuser de convenir que, dans ses portraits
collectifs, chaque figure prise en soi, chaque
détail ne soit admirable ; mais les figures,
groupées à merveille, ne sont pourtant pas

unies ; ce sont des tableaux — ce sont des
chefs-d'œuvre à côté d'autres chefs-d'œuvre,
comme dans les musées: et si ces chefs-d'œuvre n'échangent pas entre eux des démentis,
c'est qu'ils sont de la même main : mais l'air
de l'un à l'autre — me trompé-je ? — manque,
comme dans les musées ; l'atmosphère est raréfiée, comme dans les musées. (Au contraire,
dans les compositions, de dimensions maté-
rielles restreintes, l'unité obtenue par l'enveloppement est incontestable.)

Ah ! dans les musées, Fantin a rencontré
Millet et Manet, Leighton, Ricard, Bracquemond, Degas... Que n'a-t-il parfois suivi Millet
à travers les champs !

*
* *

Sans doute, il ne le devait pas. Respectons
le secret des destinées. Quand un artiste nous
laisse une ample moisson de merveilles, ne lui
demandons pas, si pourtant nous les admirons :
Pourquoi n'avez-vous pas fait autre chose ?

Les portraits collectifs déjà notés, et ceux de
la *Famille Dubourg*, de *M. et Mme Edwards*, de

l'auteur (très nombreux) et de plusieurs femmes
du monde, et de quelques amis, les études de
nu, les si délicieuses fleurs, les *Hommages* à
Berlioz, à Wagner, à Schumann, les copieux
albums de lithographies, les peintures de rêve,
quelle œuvre, abondante et rare, aristocratique,
lyrique ! Je n'en ai certes pas assez précisé le
sens·et la valeur ; on me pardonnera de m'être
arrêté à des considérations d'une portée plus
générale, ai-je cru, que des analyses plus strictement esthétiques et techniques.

Oui, « une gloire de la peinture ». Fantin-Latour voisine avec Prudhon et Watteau, dans
l'immortalité, non loin de Titien et de Véronèse.

CONSTANTIN MEUNIER

A diverses reprises il m'a été donné de voir Constantin Meunier, et, chaque fois, il me semble, un examen déférant, mais attentif et libre, de sa personne physique, et, dirai-je, *sociale*, m'a permis de pénétrer plus avant dans la vérité de sa personne spirituelle. Je me rappellerai trois de ces rencontres.

Ce fut d'abord à Paris, en 1896, chez Bing, à l'inauguration d'une exposition considérable et qui devait marquer la première date retentissante dans la vie de l'artiste.

Il était, quand je l'aperçus, assis sur un divan, seul, en face de la porte, et dès le seuil mon regard rencontra le sien. Jamais encore je n'avais vu Meunier ; je le reconnus tout de suite, parce que je connaissais déjà quelques-unes de ses sculptures. Il ne fallait pas des dons extraordi-

naires de divination pour sentir la conformité
adéquate de l'homme avec son œuvre. Et sans
doute tous les poètes, tous les artistes, sans
exception aucune en aucun temps (quoi qu'on
en ait dit), sont vraiment et exclusivement « les
hommes de leur pensée », mais le phénomène
chez celui-ci s'imposait avec l'éblouissement de
l'évidence. Meunier m'apparut comme un noble
ouvrier, triste, tendre, entêté, puissant. Dans
cette attitude de repos, s'appuyant de tout le
corps à son siège, il semblait las de sa journée
déjà longue et si pleine, mais il en était fier
aussi, et l'inquiétude qu'avouaient les yeux
visait seulement le spectateur : « Comprendra-
t-il ? est-il digne de comprendre ? » Ce n'était
pas l'incertitude du créateur qui doute de sa
création ; jamais, au contraire, plus paisible
assurance n'illumina des prunelles humaines, et
cette flamme intérieure de la foi, jointe à cette
autre lumière, la bonté, faisait l'aristocratie de
cette tête lourde et un peu rude, qui avait pu
être laide au temps de la jeunesse, mais qui
grandissait, s'harmonisait et comme s'achevait
sous le fardeau des années. Et les yeux étaient
admirables, éclairés d'un regard doucement pé-

nétrant, non pas sans contraste avec l'expression générale de soumission épandue sur toute
la physionomie : dans un visage de résigné les
yeux d'un maître. — L'ouvrier, sa tâche faite,
venait réclamer son salaire : la gloire.

Je revois ensuite dans ma mémoire le grand
statuaire à Bruxelles, au Conservatoire. C'est
Beethoven que je suis venu entendre ; on donne,
sous la direction savante de M. Gevaert, la
Symphonie avec chœurs. Il y a là toute une
admirable foule, respectueuse, compréhensive.
La musique est sincèrement aimée en pays de
Wallonie et de Flandre et, quand c'est Beethoven qui chante, la petite patrie s'exalte dans
son orgueil et dans son amour au bruit de cette
voix sacrée. La vénération passionnée, alors, est
sensible, évidente ; nul ne bouge, toutes les
têtes se tendent sur l'abîme des sons, chacun
retient son souffle... On était à cette minute
entre toutes solennelle où l'adorable Thème de
la Joie va préluder sur les instruments. Pendant
le court silence qui précède et annonce le Thème,
et tandis que je sentais la salle entière *se taire
davantage*, si j'ose et puis ainsi dire, — tout à
coup, sur ma gauche, à quelques places de la

mienne, un mouvement attire mon regard : un
homme s'est levé ; il s'adossè au mur et se
croise les bras ; ses lèvres sont tremblantes, ses
yeux sont pleins de larmes et il y a sur son
grand visage crispé une expression d'extase
heureuse et pourtant presque douloureuse à
force d'intensité.. Le Thème commence, et je
l'écoute sans cesser de regarder Constantin
Meunier ; ses yeux se sont fermés et deux plis
désolés se creusent sur son front, mais la bouche
sourit d'un sourire indiciblement bon, un sourire d'Amour.

Il n'y avait plus là d'ouvrier, il y avait un
magnifique exemplaire de l'Homme, dans la
splendeur d'une émotion suprême. « Au moment
où le Thème de la Joie va paraître pour la première fois, écrit M. Romain Rolland, (1) l'or-
chestre s'arrête brusquement ; il se fait un soudain silence : ce qui donne à l'entrée du chant
un caractère mystérieux et divin. Et cela est
vrai : ce thème est proprement un dieu. La
Joie descend du ciel, enveloppée d'un calme
surnaturel : de son souffle léger elle caresse

---

(1) *Vies des hommes illustres. Beethoven*, par Romain ROLLAND
(Cahiers de *la Quinzaine*).

les souffrances ; et la première impression qu'elle fait est si tendre, quand elle se glisse dans le cœur convalescent, qu'ainsi que cet ami de Beethoven *on a envie de pleurer en voyant ses doux yeux...* Peu à peu, la Joie s'empare de l'être. C'est une conquête, une guerre contre la douleur... Toute une humanité frémissante tend les bras au ciel, pousse des clameurs puissantes, s'élance vers la Joie, et l'étreint sur son cœur. » — Que maintenant on se ressouvienne de Meunier, qu'on revoie ses chefs-d'œuvre, qu'on y mesure la place de la Douleur, et peut-être se représentera-t-on le drame auquel j'ai assisté, quand il sentait « ses souffrances caressées au souffle léger de la Joie », et qu'il devait s'avouer, avec l'admiration de *cela*, son incapacité de rejoindre *cela*, lui, l'inspiré de la seule Douleur ! Et Beethoven aussi connut et divinement sut dire le prix des larmes, mais du fond des ténèbres il ne cessa point de chercher la clarté : « Ce malheureux homme, écrit encore M. Romain Rolland, toujours tourmenté par le chagrin, a toujours aspiré à chanter l'excellence de la Joie ; et, d'année en année, il remettait sa tâche, sans cesse repris

par le tourbillon de ses passions et par sa mé-
lancolie ; ce n'est qu'au dernier jour qu'il y est
parvenu : mais avec quelle grandeur ! » Ce besoin d'expansion de l'être dans la joie, ce désir
de la satisfaction suprême et absolue, la réalisation de ce désir légitiment les grandes parts
douloureuses de l'œuvre de Beethoven, en sont
comme la sanction, la moralité et le couronnement. Mais la complaisance perpétuelle à la
douleur, la dilection de la souffrance, l'assuétude
des larmes sans espoir et sans essor, — je ne dis
point, et ce n'est pas en question : Est-ce sincère ? je dis : Est-ce humain ? On m'objecte-
rait le Monument à la glorification du Travail :
Voilà, me répondrait-on, l'*Hymne à la joie* de
Meunier !... Pour moi j'avais, en regardant
Constantin Meunier écouter Beethoven, le sentiment que le premier admirait l'Autre avec le
secret frisson d'une envie divine, avec la ja-
lousie de cette sublime force d'affirmation qui
suffirait à réunir tous les hommes, sous l'em-
pire de l'enthousiasme attendri qu'elle suscite,
s'ils n'étaient retenus par les stupides lois
de la bienséance, dans un immense baiser et
qui ferait de la terre heureuse, comme a dit

Shelley, une réalité de ciel. La Joie, l'Amour, oui ; le Travail ? — Le statuaire, en écoutant le musicien, souriait, mais deux plis désolés se creusaient dans son front.

Bien différent des deux premiers, mais étrangement il les complète l'un et l'autre, le troisième instant que je veux noter.

Dans « le Monde ». Chez de richissimes banquiers, très « au courant » et « d'avant-garde ». Les lettres, les arts, les sciences y sont estimés ; mais l'argent, qui sait son pouvoir, y traite à égalité avec ces royautés spirituelles. Même il croit légitimement disposer d'elles et, les ayant appelées parce qu'elles sont représentatives, leur demande de faire figure — de faire « leurs figures » dans ses salons... « Nos portraits ne nous ressemblent pas tous les jours », a dit Goncourt. Artistes célèbres, n'allez pas dans ce monde les jours où vous ne ressemblez pas à vos portraits ; car ce monde vous regarde d'un regard de vitrine, d'un regard qui vous compare à vos photographies et qui se fâcherait si vous les démentiez. Ce regard, en outre, vous attend, tacitement vous invite au déploiement immédiat, à la mise en scène de vous-mêmes ; il fini-

rait par vous conduire à vous faire un idéal à
l'usage et à la portée des autres... Artistes célèbres, n'allez jamais dans ce monde. — La
présence de Meunier dans ce salon était un affli-
geant paradoxe. Hésitant, gêné, pitoyable, touchant, le grand homme s'efforçait de tenir avec
élégance sa tasse à thé, — et je crois qu'il n'aimait pas le thé ; il le buvait tout de même, avec
résignation, dépensant toute sa somme dispo-
nible d'énergie et de génie à « être distingué
sans se faire remarquer » Peut-être croyait-il
percevoir, dans le bruit des hommages, des
« Cher Maître » et des louanges délicatement
saugrenues qu'on lui prodiguait, l'écho de sa
renommée, la connaître et jouir d'elle, —
hélas ! dans le moment même qu'il la payait si
chèrement : au prix de sa simplicité ! Car
l'Homme disparaissait sous le mondain mal
improvisé, et l'ouvrier, franc non sans finesse,
rude non sans douceur, n'était que trop bien
caché ; d'un génie, pur et simple vraiment, le
Monde, pour une minute, parvenait à faire un
ineffable contre-maître. Et je sais bien que l'artiste peut avoir, à côtoyer ou à fréquenter ce
Monde, mille excuses ; je sais aussi que la façon

dont il y sauvegardera ou sacrifiera sa personnalité m'en dira sur celle-ci beaucoup. Il y a le génie qui partout emporte et impose l'atmosphère de son exception, du haut de soi partout seigneur ; il y a le génie « qui se laisse à la maison », ou qui se dénature en franchissant un seuil, que la lumière et les voix étonnent, roi d'un royaume crépusculaire et de silence.

Ces trois silhouettes s'ajoutent, si je ne me trompe, d'assez significative sorte à la personnalité profonde de ce sculpteur des laborieux, — des douloureux, — des « complémentaires », et peut-être en étudiant l'œuvre retrouverions-nous les trois caractères qui de ces trois rencontres se dégagèrent à mon regard.

Le peintre du Pays Noir, le sculpteur des humbles que la nécessité invincible attriste, mais ne dégrade pas, qu'elle laisse beaux et purs de toute la dignité d'un sacrifice, peut-être inconscient, où du moins le sacrifié ne s'abdique point, garde la grandeur d'un effort dont il sait l'utilité, — fut lui-même un ouvrier, triste et laborieux, passionnément épris de sa tâche et qui ne se l'exagérait pas. Aussi forte-

6

ment et naturellement que ses mineurs, ses
puddleurs, ses débardeurs viennent du sol et y
gardent leurs racines, aussi harmonieusement
que leurs outils manifestent leur force, justi-
fient leur effort et prolongent leurs bras, ce
sculpteur fut destiné et prédestiné à cette
sculpture. Il avait toutes les qualités exigées
par sa mission. Il avait l'énergie et la docilité ;
son épaule s'était voûtée sous le poids d'un
rude destin, mais le bras et le cerveau s'entêtaient à l'accomplissement. Il avait l'Amour, le
grand sentiment créateur, et chéz lui l'Amour
se spécifiait en pitié ; il plaignait ceux qui pei-
nent sous la perpétuelle menace d'un mortel
danger et sont si peu récompensés de leur abné-
gation ; certes, il eût volontiers contresigné de
son nom cette phrase de Beethoven, devant qui
nous arrêtait tout à l'heure un providentiel
hasard : « Mon art doit se consacrer au bien des
pauvres. » Enfin, il avait, véritable grâce d'état,
étant données les tendances de sa pensée, cette
simplicité profonde qui revêt à propos les
dehors de la vulgarité : le petit neveu du forgeron n'était point choqué par la trivialité du
peuple des mines ; leur écorce épaisse et souillée

ne l'empêchait pas de voir et d'aimer en eux la même humanité qu'il avait connue d'abord dans son propre cœur.

* *
*

L'histoire de la vie et de l'œuvre de Constantin Meunier est trop connue pour qu'on puisse croire utile d'en donner à nouveau le précis (1).

Je ne rappellerai donc que pour mémoire, afin que le lecteur les ait tout de suite sous les yeux sans recourir à sa bibliothèque, certaines dates, certains faits, certaines œuvres ; c'est le sens de ces documents qui nous importera.

Les premiers désirs de Constantin Meunier le conduisirent dans l'atelier d'un sculpteur. L'insuffisance d'un faux maître fut la cause extérieure, le prétexte premier qui fit bifurquer le jeune artiste vers la peinture, sans toutefois qu'il renonçât délibérément à la statuaire. La rencontre d'un vrai peintre, Charles de Groux,

_____

(1) *Constantin Meunier sculpteur et peintre*, par Camille Lemonier. Chez Fleury. Paris, 1904.

fut la raison seconde qui fixa pour longtemps
dans les recherches picturales Constantin Meunier.

Auprès de Charles de Groux, il trouvait plus
encore que la certitude d'une rare occasion de
développement. Les deux artistes étaient de la
même grande famille spirituelle. Tous deux
tristes, ils aimaient tous deux la tristesse. Meunier cultiva dans l'atelier de de Groux cette
amère tendresse pour les déchéances humaines,
le geste naturel de leurs âmes. Les hasards, ensuite, à merveille l'encouragèrent dans la voie
que lui avaient désignée ses instincts. Hasard.
— (j'emploie à regret ce mot détestable et petit... le mot, Fatalité est trop grand, ne le sentez-vous pas ? pour notre monde moderne) —
de la vie privée : la misère et le deuil ; hasard
de la vie extérieure et artistique : un séjour à la
Trappe, un voyage en Espagne, le seul pays du
monde où la douleur soit aimée pour elle-même,
plusieurs visites au pays des mines, au Pays
Noir, et, long épisode qui fut la vigile de sa
gloire, huit années d'enseignement artistique à
Louvain, vieille ville universitaire et cléricale,
morne, où le professeur habita un ancien am-

phithéâtre d'hôpital désaffecté ; c'est là que se réveilla le sculpteur. A la science cherchant dans la mort le secret de la vie succéda, entre les mêmes sinistres murailles, l'art cherchant dans la vie, hélas ! le secret de la mort.

Dès 1884 et 1885, notons-le, encore à Bruxelles — le départ pour Louvain n'eut lieu que l'année suivante — il avait sculpté son *Marteleur* et son *Puddleur*, ses deux premières grandes figures. Déjà s'y révélait tout le sens de la nouveauté qu'il apportait dans l'art. Ceux qui voient ne s'y trompèrent point, et Rodin n'attendit pas l'abondante production des vingt années fécondes qui devaient suivre pour saluer en Constantin Meunier le seul émule que le maître réaliste dût jamais se connaître.

Mais à Louvain, dans la pleine solitude des soirées libres, après la journés sacrifiée à l'enseignement, s'élabore l'œuvre dans son développement vaste. Là, se réalisent le groupe du *Grisou*, la *Femme du peuple*, le bas-relief de l'*Industrie*, le *Faucheur*, la *Glèbe*, l'*Homme qui boit*, le *Souffleur de verre*, le *Pêcheur de Boulogne*, le *Pêcheur à cheval*, l'*Abreuvoir*, l'*Abatteur*, le *Mineur à la veine*, la *Mère*, le *Port*, la

Moisson et, après la double visite de la mort,
ces choses qui sont comme les sanglots éternisés
de l'inconsolable douleur paternelle : l'*Ecce
homo*, l'*Enfant prodigue* (ou le *Pardon*), le *Supplicié*. -

Ces grands travaux avaient conjuré la misère.
Meunier put rentrer à Bruxelles, indépendant et
honoré. Il continua son superbe labeur ; de
Bruxelles datent le *Blessé*, le *Naufragé*, une
Trinité, un *Christ en croix*, la *Maternité* destinée
au Monument du Travail, l'*Ancêtre*, et ce bas-
relief qui est peut-être son ouvrage le plus haut,
le plus lyrique, le plus beau : les *Travailleurs de
la Mer*, et une *Pieta*, et de nombreux bustes.

Il donna la fin de ses forces au *Monument du
Travail* ; il le laissa inachevé. Peut-être cette
pensée troubla-t-elle d'un regret son dernier
soir : l'exact et scrupuleux ouvrier se fût en-
dormi plus tranquille s'il eût pu voir son œuvre
accomplie, et la caresser du regard avant de
fermer les yeux. Mais il faut plaindre qui survit
à sa chanson ; c'est se survivre à soi-même,
c'est vivre mort. Envions ceux qui s'en vont
pleurés par des espérances toutes vivaces encore
et dont l'ardeur se justifie aux gloires d'une

longue veille. Du reste, sauf dans les détermina-
tions de son art, Meunier ne connut point cette
initiative qui conduit au désespoir de la défaite
ou aux joies du triomphe les grands volontaires
de la vie. Comme il avait tout accepté de la destinée, sans résistance, il dut accepter la mort,
avec passivité, avec amour, qui sait ? Ne l'avait-
il pas depuis longtemps, depuis toujours choisie
pour amie ? Il était de la race de ses modèles ;
un résigné.

* *
*

Je parlais de la destination harmonieusement
fatale de Meunier à son ouvrage : les quelques
circonstances qu'on vient de rappeler ne la pro-
clament-elles pas avec une singulière éloquence ?

Le mot **Retour**, — ce *mot* de toutes les grandes
destinées de poètes et d'artistes, prend avec
celui-ci un sens éminent et exemplaire.

C'est par un retour à ses premières études que
le statuaire, déjà de loin dépassée la moitié de
ses jours, a pu s'exprimer dans la technique d'art
qui était la sienne, celle à laquelle le vouait son
tempérament.

C'est par un retour à ses premiers sentiments, à ses premières émotions qu'il a pu marquer son œuvre d'une empreinte si intensément personnelle.

L'époque de sa vie où commença pour Meunier la période des productions impérissables, et la teinte sombre de cette vie, longtemps misérable et toujours douloureuse, ne sont sans doute pas étrangères à la détermination de ce retour.

Il avait plus de cinquante ans, exactement cinquante-deux, si je ne me trompe, quand il posa le pinceau pour reprendre l'ébauchoir. En réalité, il recommençait, ou plutôt il commençait sa vie, sa vraie vie, son œuvre. Il n'avait pas fallu moins que cette longue initiation au génie le plus grave, le plus sévère, le plus sombre que citera l'histoire moderne de l'art. Cinquante ans, le lendemain de la maturité, déjà l'instance de la menace. Les observations récentes pouvaient se dépouiller, comme des pellicules ajoutées à la substance de l'être ; la période intermédiaire de la mémoire pouvait déjà s'effacer : le *jadis* immortel reparaissait dans l'*encore* du désir, l'enfance émergeait, avec la virginité

solide des indéfectibles impressions premières.
L'artiste était désormais approprié à sa tâche.
Peut-être, à la longue, en dépit de toute pré-
destination, de jeunes yeux eussent-ils fini par
se lasser du spectacle morne de la douleur sans
plainte. Et ce n'est point d'un amour jeune
qu'on peut aimer cette douleur. Il faut, pour
bien l'entendre et même seulement pour s'inté-
resser à elle, avoir passé l'âge où l'homme dans
l'univers ne cherche que lui-même et sa propre
satisfaction. L'amour qu'elle demande est dé-
sintéressé. Sur le peuple de grands enfants taci-
turnes qu'elle gouverne, c'est une tête paternelle qu'il faut pencher, une tête fanée où re-
tentissent déjà les échos du suprême avertisse-
ment. — Constantin Meunier était prêt ; depuis longtemps sa pensée s'habituait aux entre-
tiens funèbres. Les piqûres perpétuelles de la
misère et du guignon appariaient son âme à
celle des fatigués, des transis, des meurtris. Que
fut-ce quand les piqûres s'élargirent en bles-
sure ? Frappé en plein bonheur, l'homme fût
tombé. Ce privilégié de la douleur vit entrer
chez lui la mort et la vit partir les deux bras
pleins de proies, sans la suivre. Oui, cet artiste,

dont la tendresse partout s'atteste dans son
œuvre, vit en quelques mois mourir ses deux
fils. Il chancela, mais il resta debout, profondé-
ment touché néanmoins et ne vivant plus guère
que d'une vie succombante, une épaule irrémé-
diablement déjetée, la tête basse, le pas glissé.
C'est alors que son visage, aux plans brusques,
abrupts et grossiers, mais forts, prit tant de
majesté sans rien perdre de sa primitive simplicité. Il acceptait, Il acceptait le désastre
comme on paye une rançon. Il dit : « *Elle* est
venue, ils sont partis. » *Elle*, c'était la gloire. La
mort et la gloire avaient frappé ensemble à sa
porte, et Meunier, superstitieux et fataliste
comme les Simples et comme les Poètes, s'*ex-
pliquait* l'affreuse coïncidence... Au moins, cette
gloire, mise à si haut prix, il la voulut tout entière, et il se reprit à la glorification de la douleur, au travail, avec un sauvage amour, un
acharnement tranquillement furieux qu'on sent
vibrer dans l'*Ecce homo* et le *Supplicié*, avec
une sorte d'affolement de tendresse aussi qui
lui inspira ce groupe admirable, ce chef-d'œuvre
du *Pardon* : un père accueille du geste — non
pas même qui absout, mais qui caresse, l'enfant

prodigue ; il ne lui reproche pas d'être parti, il l'approuve, il le remercie d'être revenu. — Revenu ?... On frémit à s'imaginer l'hallucination qui suggéra cette œuvre pleine de larmes et belle entre les belles.

Aimer ainsi la douleur, s'y complaire ainsi, — je ne demande plus si c'est humain ? est-ce surhumain ?

*
* *

« Sitôt — écrit Camille Lemonnier — qu'il s'est perçu lui-même dans sa véritable nature, Constantin Meunier prend rang parmi les autochtones et les absolus. Comme tous les simples et les forts, il se dénonce dès lors un primitif, c'est-à-dire un esprit renouvelant la loi de beauté. Il n'est pas d'autre sens à la primitivité ; elle s'applique aussi bien à l'état de connaissance avancée qu'à la période ingénue de formation. Elle se mesure à l'apport de sève vierge qui étend et diversifie les aspects de l'art. Meunier suscita une forme d'émotion nouvelle ; il mérita ainsi de figurer entre les deux maîtres qui assumèrent le plus intensément l'intellec-

tualité de la fin du siècle, Puvis, par le rêve
infini des âges, Rodin, par le paroxysme ner-
veux de la passionnalité. »

Il faut craindre de compromettre les renom-
mées les plus admirables en les exagérant. Je
ne crois pas à la Trinité Puvis-Meunier-Ro-
din.

L'œuvre de Constantin Meunier restera
comme un monument auguste de la pensée à
jamais infinie penchée sur un instant de l'histoire humaine. Mais pourquoi comparer son
effort à la grande synthèse légendaire, si passionnément désintéressée, si noblement, si sincèrement, si joyeusement humaine de Puvis de
Chavannes ? Quant à Rodin, il s'évade hors de
tous les siècles, interprète tout-puissant des
passions éternelles.

Meunier a, peut-on dire, un pied dans le
temps. Mais, par la comparaison même qu'il
nous impose avec les types humains d'autres
temps, il nous renseigne, selon l'observation
d'Eugène Carrière, « sur la continuité de notre
être dans l'univers : c'est l'histoire de l'homme
et de la terre que nous dit l'âme tendre et admi-
rative de Constantin Meunier, sa passion pour

la nature humaine consciente de son action, de sa souffrance, de son amour. »

Il est — et ce trait désigne l'acte suprême en art — le créateur d'une figure, d'un type. Millet, peintre, n'a point séparé son paysan de la terre ; elle est lui comme il est elle, et le grand artiste nous montre l'unité de deux forces élémentaires. Meunier, statuaire, a osé l'effigie unique et il a dressé dans l'air son Ouvrier. La sincérité de son réalisme, la patience et l'assiduité de ses observations, les dons aussi qu'il apportait l'ont conduit à la grande synthèse. Son Travailleur, d'une vérité à la fois générale et du lieu et de l'heure, est vrai et beau.

PAUL CÉZANNE

Aussi assidûment que tant la cherchent, mais
avec une singulière adresse, celui-là évitait la
gloire. Peu s'en fallut qu'il ne réussît à la trom-
per, sa vie durant. Toutes ses forces, toutes ses
minutes, il les consacra uniquement, exclusivement, jalousement, à l'étude de la nature, aux
recherches de l'art. A peine ose-t-on dire que
Cézanne a vécu ; il a peint. Et afin de mieux
peindre, de peindre aussi bien qu'il pouvait, en
toute liberté, en toute sécurité, il avait fui les
peintres et la grande ville, les expositions, les
journaux, le bruit, s'étant inventé en pleine
France, dans sa vieille cité natale, une solitude
sans échos, pleine de joies secrètes et profondes,
pleine d'œuvres.

Pleine d'œuvres ! comment dès lors hésiter à
dire qu'il a vécu ? Cette constante et intense

application de toutes les facultés dans un seul effort, n'est-ce pas la vie par excellence ? Cette unité de direction, n'est-ce pas la noblesse de la vie ? Cette fécondité, n'est-ce pas la sanction de la vie ? — Peut-être. J'ai dit, à propos de Fantin-Latour, que la mission spéciale de l'artiste ne l'exempte pas des communes obligations humaines...

* *
* *

La biographie de Paul Cézanne est courte. Peu s'en faut qu'elle tienne toute dans le vers célèbre :

Naître, vivre et mourir dans la même maison.

Notons-le tout de suite, car ce n'est pas le fait le moins singulier d'une destinée au fond si simple et apparemment si contradictoire : cet artiste révolutionnaire fut en réalité le plus bourgeois et même le plus réactionnaire des hommes. Peut-être — s'il m'est permis d'avancer sans inconvenance cette joyeuse hypothèse — y a-t-il là de quoi réconcilier avec lui les

« bourgeois » que scandalisait sa peinture et, plus
haut, les hommes attachés aux traditions vraies.
Il fut l'un d'eux, par bien des points. Il le fut
par son respect strict des principes religieux et
sociaux, voire des préjugés de sa classe ; catho-
lique convaincu et citoyen conforme ; il le fut
même par sa persévérance à solliciter les suffrages du jury des Champs-Élysées, chaque
année, sans manquer, lui envoyant quelques
tableaux, sans que tant de précédents échecs
pussent le décourager, comme par son consen-
tement à laisser demander pour lui la croix
d'honneur et à se la faire refuser.

Sa vie, en dehors des agitations que l'art y
apporta, fut sans événements.

Il est né à Aix le 19 janvier 1839. Il est mort
dans cette même ville le 22 octobre 1906. Son
père était un riche banquier. Au collège d'Aix,
où il entra dans sa treizième année, il eut pour
condisciple, plus jeune que lui de deux ans, Zola.
Les deux enfants se lièrent d'une amitié que les
deux hommes longtemps cultivèrent. On sait ce
qui les brouilla : le peintre fit le portrait de
l'écrivain et celui-ci ne se trouva pas flatté. Il
est plaisant de supposer que Zola se soit cru beau.

De très bonne heure Cézanne montra du goût
pour la peinture ; mais la musique et la poésie
l'attiraient également. Il est parmi les très
rares artistes qu'une complète culture ait mis
à même de choisir leur activité. Toute sa vie,
du reste, il demeura fidèle à ses premières ad-
mirations littéraires, et ce peintre si libre, ce
novateur, entre tous les poètes préféra toujours
les plus sereinement classiques ; son livre de
chevet était, dit-on, l'œuvre de Virgile, qu'il
lisait dans le texte. Quant aux « mouvements »
qui passionnaient les contemporains romantiques et naturalistes de sa jeunesse et de son
âge mûr et les mettaient en demeure d'y prendre
parti, on peut croire qu'il leur resta profondé-
ment étranger. En Zola même, il accepta un
camarade, un défenseur, sans prêter à l'évan-
gile de Médan une importance exagérée. Dans
les lettres comme dans les arts, le conseil des
maîtres anciens lui suffisait ; la vie présente se
bornait pour lui aux joies que donnaient à ses
yeux de peintre les jeux colorés de la lumière.
— Comment il parvint à la conscience de ces joies,
comment dans leur diversité infinie il choisit
sa part : c'est toute l'histoire de Paul Cézanne.

Il est donc assez peu précieux de noter les deux années qu'il perdit à la faculté de droit d'Aix et son court passage dans la banque de son père. Sa vie d'artiste commence en 1862, à l'académie Suisse du quai des Orfèvres, où il rencontre Pissarro et Guillaumin.

Dès ces débuts il manifeste sa prédilection innée pour la vie régulière, pour les sanctions normales, en se présentant au concours d'admission à l'École des Beaux-Arts et en faisant au Salon officiel un consciencieux envoi. Mais au concours il fut refusé et le jury du Salon l'écarta. Ainsi tout de suite s'affirmait, invincible, fatale, la sincérité de l'artiste. Ce n'était pas pour son plaisir, c'était involontairement qu'il suscitait les indignations, les colères, qu'il se faisait rappeler à l'ordre. L'ordre ! personne n'en eut plus que lui le culte et le scrupule et ce fut l'originalité, mais aussi la tristesse de sa vie de ne pouvoir obtenir, homme par excellence rangé, l'approbation d'esprits qui partageaient en tout ses convictions, — sauf en art. Et à coup sûr c'est lui qui représentait contre eux — en art — l'ordre vrai, le seul.

Rejeté par l'officiel et révolutionnaire mal-

gré lui, Cézanne ne tarda pas à faire nombre
avec d'autres révoltés, les Impressionnistes, qui
guerroyaient, eux, sans regret contre l'École.
Il fut, nous l'avons vu déjà, de leur première
exposition — en 1874, chez Nadar — avec
Renoir et Claude Monet, avec Pissarro et
Guillaumin.

Mais cette date et cette manifestation
n'avaient point pour lui la même importance
que pour ses compagnons de bataille. Elles
marquaient simplement dans l'évolution de son
talent une période, la quatrième, à bien compter, et qui ne devait pas être définitive.

Il avait commencé par écouter les maîtres du
Louvre et Delacroix. C'est l'époque, assez
brève, des compositions romantiques, telles que
l'Enlèvement, où le jeune artiste montre des
qualités de studieuse impersonnalité qu'il dé-
pouillera dès qu'il aura fait la connaissance de
Courbet.

Il conserva toujours pour Delacroix une estime raisonnée, profonde, et ne cessa de le
mettre plus haut que Courbet dans ses admira-
tions. Mais il y avait plus d'harmonie réelle
entre ses propres instincts et la vision réaliste

de Courbet et, sous l'influence de celui-ci, Cézanne acquit un développement plus fécond et plus décisif qu'il n'avait fait à l'école de Delacroix. Et ce fut la seconde période distincte. — La troisième est illustrée par le nom de Manet et par l'avènement de la couleur claire sur la palette du peintre en perpétuelle recherche, tour à tour romantique et réaliste, mais séduit depuis déjà cinq années aux nouveautés les plus hardies par la parole et l'exemple de Pissarro. — Il pouvait donc, il y était logiquement appelé, voisiner sept ans plus tard avec Monet et Renoir, sans, bien entendu, se confondre avec eux, mais sans que sa présence entre eux rompît l'harmonie. On remarquera, en effet, que ces stations successives, bien loin d'être caractérisées par de nets contrastes ou même par des oppositions, sont comme des « temps » du même mouvement. M. Théodore Duret (1) a bien raison de le dire, les influences subies par Cézanne ne marquent pas chez lui des « *manières* différentes et absolument tranchées ». Même l'arrêt devant Delacroix n'a rien qui puisse nous dé-

(1) *Histoire des Peintres Impressionnistes* (Floury, éditeur).

concerter si, constatant la parenté de Cézanne
avec les Impressionnistes, nous nous souvenons
que les Impressionnistes réclament en Delacroix l'un de leurs premiers initiateurs. Ainsi,
point de tergiversations stériles et nulle erreur
de direction : avec Cézanne, « il s'agit d'un
homme très ferme et qui s'est tout de suite en-
gagé dans une voie certaine », après avoir cherché, où il était le plus sûr de les trouver, les en-
seignements les plus précieux.

Dès avant 1874, du reste, en 1872, un événe-
ment s'était produit dans sa carrière d'artiste,
une révolution dans sa méthode. Il devait
s'orienter de là définitivement au but que, dès
lors, il ne cessa de poursuivre avec la plus
héroïque ténacité : il se décida, Pissarro l'y in-
vitant, à *peindre sur nature.* Si l'on ne peut
affirmer qu'il se réalisa aussitôt dans toute la
liberté de sa vision, dans toute la logique de
sa conception, dans toute la plénitude de ses
dons, il est bien certain que du moins, ce jour-
là, il acheva de faire sa propre découverte
et s'achemina, en se dégageant chaque jour
plus audacieusement des règles et de tout
enseignement systématique pour n'être plus

que lui-même, vers l'épanouissement définitif.

Il y fallut trois années de travail sans trêve, celles qui séparent la première de la seconde exposition des impressionnistes, 1874 de 1877, *la Maison du pendu* du *Portrait de M. Chocquet*. Non pas que ce portrait, non plus qu'aucun autre des quinze tableaux — huiles et aquarelles — exposés avec lui, fût au regard même de leur auteur une œuvre parfaite. Mais la définition de nature suggérée par cet ensemble ne correspondait à rien, nulle part, qu'on pût citer d'analogue. La puissance du coloris, la vibration des formes sans précis contours et pourtant déterminées avec une si intense netteté par les rapports des couleurs et les relations des plans, la réalité de l'œuvre en tant que chose peinte pour le plaisir des yeux et sans visées étrangères à la délectation plastique, l'évidence enfin de l'invention d'art, tout cela, qui eût dû imposer au public le respect et la sympathie, le fit rugir d'horreur. Cézanne sentit l'inutilité de la lutte et se retira. On vit encore, en 1882, un portrait d'homme, signé de lui, au Salon. Il fut représenté à la Rétrospective de 1889 et à la Centenale de 1900. En 1893, deux toiles de

Cézanne étaient entrées au musée du Luxembourg avec le legs de Gustave Caillebotte. Mais les jurys s'entêtaient à mépriser l'admirable inventeur, tandis que soudain la jeunesse allait à lui dans un mouvement de piété dont il faut aimer comme un geste de réparation, de justice, l'hyperbolique outrance. C'est alors qu'un marchand avisé sentit le moment venu de montrer du courage : une première exposition importante de toiles de Cézanne eut lieu, rue Laffitte, en 1895.

En 1901, Maurice Denis exposa un *Hommage à Cézanne*, qui réunissait, autour d'une œuvre du maître, MM. Odilon Redon, Bonnard, Roussel, Serusier, Vuillard, Mellerio, Vollard et l'auteur. — Tout entier, le Salon des Indépendants fut, il y a quatre ans, un Hommage, lui aussi, à Cézanne, que le Salon d'Automne avait, dès sa fondation, respectueusement appelé.

L'artiste vieillissant ne se laissait pas éblouir par cette tardive aurore de sa renommée. Quelles joies, du reste, pouvaient valoir pour lui celles que lui donnait l'étude de la nature ? Et il continuait à chercher, « dans l'espérance de faire enfin un tableau » ! Depuis des années retiré

à Aix, riche, inconnu de ses proches, célèbre au
loin, — célèbre et discuté, — il travaillait dès
les premières heures du jour, levé à cinq ou six
heures selon la saison, et s'acharnant jusqu'au
soir à « l'étude sur nature ».

Un des citadins de sa ville nous le dépeint
ainsi : très grand, des yeux lumineux, un regard d'une acuité troublante, l'air timide, l'allure chavirante. Les gens de son quartier, qui
le voyaient passer de très bon matin, avec son
vieux manteau couleur de terre, son feutre ca-
bossé, sa cravate dénouée, citaient, quand on
les interrogeait sur lui, le nom de son père, le
banquier. Il vivait seul. Sa femme et son fils
voyageaient. Il accueillait volontiers les jeunes
gens : « Je ne peux plus maintenant, disait-il
vers la fin, qu'essayer de faire comprendre aux
jeunes ma méthode. » Et toujours il parlait d'art
avec une passion extrême, s'emportant en
termes violents, lui à l'ordinaire si doux, contre
ceux qu'il appelait « les Universitaires ». Mais
parfois il laissait échapper cette plainte : « Il
me vient des doutes sur mon œuvre. » Et puis,
son regard clair se rallumait et il communiquait
soudain, par un démenti tacite d'une irréfu-

table éloquence, la confiance absolue qui débordait de son cœur.

Le samedi 20 octobre 1906, il quitta de fort bonne heure, comme de coutume, son appartement de la rue Boulégon pour se rendre à ce qu'il appelait « l'atelier », une maison de campagne à mi-flanc d'une colline, au nord, vers Puyricard ; on domine de là la ville d'Aix et la vallée de l'Arc où flottent en toutes saisons des brumes cotonneuses. En plein air, sur le seuil de la porte, il s'installe avec le modèle, un vieux marin, et se met au travail. Les heures passent, et, tout à coup, vers onze heures, l'artiste tombe, terrassé par une congestion pulmonaire. On le ramène en ville ; sa sœur accourt. Il a des alternatives de délire et de lucidité qui ne laissent pas d'espérance. Il meurt le lundi dans la matinée, doucement.

*
* *

On constate avec tristesse que des esprits, certains du moins, très cultivés, aient pu méconnaître et la légitimité et la noblesse de ce parti-pris de naïveté savante qui devrait mé-

riter à Cézanne — accoudé seul, dans l'oubli
de tout système, devant la nature — le respect
universel. Ils ont cédé à la tentation de nier
l'artiste qu'ils n'entendaient pas. Leur châti-
ment sera l'obligation, lourde, d'atteindre tar-
divement à la vérité par l'aveu d'une méprise.

Comment n'ont-ils pas été troublés, dans leur
conscience et dans leur intelligence, par ce
grand fait de l'enthousiasme presque unanime
de la jeunesse artiste pour l'homme qu'ils pen-
saient accabler de leurs dédains ? N'y avait-il
pas là de quoi les faire réfléchir ? N'était-il pas
léger de déclarer négligeable un phénomène de
cet ordre ? Et dire qu'un tel mouvement fût
factice, n'était-ce pas insulter gratuitement et
témérairement cette adorable Toute-Puissance,
la Jeunesse, contre laquelle nous savons pourtant bien tous que personne jamais n'eut raison ? Remarquez que, dans la circonstance,
l'opinion qu'elle professe a toutes les qualités
qui doivent, sinon nécessairement et tout de
suite entraîner notre assentiment, du moins
appeler notre sympathie et nous inspirer la
confiance. Car elle est désintéressée, cette fer-
vente exaltation en l'honneur d'un vieux peintre

solitaire, officiellement méprisé, l'abomination de l'institut et des professeurs ; et la critique officielle, celle qui compte au regard des gens pratiques, celle qui fait vendre, ayant pris parti contre lui, on s'aliène en le louant d'utiles auxiliaires. De plus, elle est compétente et raisonnée, cette admiration bien haut proclamée par des peintres qui ne sont pas tous de secondaires barbouilleurs et dont plusieurs ont obtenu les suffrages de ceux-là mêmes par qui le maître est condamné. — Parti-pris de fronde chez quelques-uns, emballement d'autres « à la suite », excès idolâtriques chez plusieurs, il se peut néanmoins qu'il y ait de ces mobiles négatifs dans la religion cézanienne ; j'avoue n'avoir personnellement aucun goût pour les commentaires ésotériquement extatiques dont tels fanatiques obscurcissent la pensée et compromettent la gloire de leur messie. Mais faut-il tant s'indigner que des goûts légitimes d'indépendance accueillent volontiers l'occasion de se faire jour ? ou que la foi soit contagieuse ? ou que l'enthousiasme manque de mesure ? Je sais de pires scandales et parmi ceux-ci je compte l'injustice de la critique à l'égard d'un grand artiste.

Mais même envers cette injustice il faut tâcher d'être juste. — Car elle a, elle aussi, ses raisons. Nous les trouverons en faisant une distinction nécessaire entre les *œuvres* de Cézanne et les *tendances* de Cézanne.

Certes, il serait absurde de dire que Cézanne ait manqué, très sincère, d'adresse, très sensible, d'intelligence. Ce chercheur d'absolu ne s'embarrassait pas du relatif, et ceux qui lui reprochent, avec quel pénible et comique acharnement ! ses pots placés de guingois, ne l'attendent guère où il visait. C'est pourtant de si secondaires négligences ou d'inégalités, même (je ne dissimule rien de ce que je crois voir) plus graves, qu'ils s'autorisent à déclarer « informes » des recherches de l'ordre le plus élevé. De son vivant, ils traitaient l'artiste d' « honnête homme qui peint en province » : insisterai-je sur le ton vraiment bizarre que prend ici la critique ! Cela sous-entend, pour l'homme, pour le « pauvre cerveau » de l'honnête homme, aussi peu d'estime que pour les yeux et la main du peintre. Or, Cézanne raisonnait admirablement de son art et ses brefs propos, çà et là publiés, sont parmi les indications doctrinales les plus suggestives, les plus nourrissantes que je sache. Cet honnête homme, oui ! possédait l'éclatante richesse d'une conscience lumineuse. — Mais voici l'accusation capitale : « Cézanne n'a jamais pu produire ce qu'on appelle un tableau (1). »

Ne nous hâtons pas de protester là-contre trop vivement. Cézanne lui-même eût passé, sur ce point, condamnation.

Oui, cet artiste auquel furent accordées ces trois conditions heureuses de production : une longue suite d'années, l'indépendance matérielle (son père lui fit dès le début une pension mensuelle de trois cents francs et plus tard le fils du banquier hérita toute une fortune) et la vision précoce et claire de son but et de ses moyens, — cet artiste ne laisse pas une œuvre dont il eût pu dire ave un légitime orgueil : Voici l'expression complète et définitive de ma pensée. Soit.

Seulement, selon la grande parole de Jean Dolent à propos d'un autre artiste (2), IL EST IN-

---

(1) M. Camille MAUCLAIR : *La Crise de la laideur en peinture.*
(2) Paul Gauguin.

TERVENU ! De ce peintre sans œuvres la marque
est certaine, l'influence, immense ; avec ce nom
honni et glorifié une déterminante nouvelle —
et précisément d'autant plus importante qu'il
n'a pas été donné à son initiateur d'en dégager
l'expression incontestable, prodigieuse, où l'avenir eût pu trouver un modèle à reproduire, non
pas une impulsion à suivre, un germe à faire
fleurir — apparaît et demeure dans l'histoire
de l'art vivant.

L'évidence de l'impuissance et l'évidence du
génie, voilà les deux termes extrêmes qu'il faut
concilier si l'on veut équitablement, si l'on pré-
tend utilement apprécier Paul Cézanne. Le cas
est-il si rare, ou n'est-ce pas celui de presque
tous les grands inventeurs ?

*
* *

Notez qu'il serait facile de discuter. Peut-
être même me reprochera-t-on avec justice une
concession qui, ainsi formulée dans l'absolu,
s'offre aux interprétations abusives. « Ce qu'on
appelle un tableau ! » L'idée que sous-entendent
ces mots est-elle si claire, si fatale, qu'il suffise

de ce vague énoncé pour nous suggérer à tous la même vision ! Corot et Courbet sont-ils d'accord sur ce qu'on appelle un tableau ? Rubens et Rembrandt ? Raphaël et Michel-Ange ? De bon compte, avons-nous au Louvre beaucoup de tableaux ? Léonard était-il assuré d'avoir fait un tableau ? Osera-t-on dire que les Impressionnistes à eux tous aient jamais fait un seul tableau ? Mais ils ont apporté des indications précieuses.

Et Cézanne aussi a apporté la sienne, plus précieuse et plus forte que celle de tous les Impressionnistes. La sienne, il est vrai, pour la dépasser, bénéficiait de la leur. Mais, parce qu'elle dépassait la leur, sa méthode lui coûta les efforts perpétuels de sa vie tout entière ; elle pourra mettre quelqu'un de ses élèves à même de réaliser « ce qu'on appelle un tableau » : il n'eut pas le temps, il n'eut pas la force d'y parvenir pour son compte ; peut-être aussi manqua-t-il de certaines vertus nécessaires ou d'une certaine vertu, la plus essentielle de toutes aux grandes réalisations ; peut-être encore fut-il victime des conditions sociales de son temps.

Du moins, il eut cette gloire d'avoir visé si

haut, de s'être élevé à la conception d'un idéal
si souverainement pur qu'il lui était impossible
de se contenter d'un à-peu-près de réalisation.
L'œuvre totale ou les tâtonnements qui la
cherchent : entre ces deux termes pas de milieu
pour un tel homme. N'ayant pu proférer la
grande parole, totale et claire, adéquate à sa
pensée, il n'a pas caché qu'il balbutiait. On le
lui reproche, sans voir que c'est son plus en-
viable honneur.

Comprenons pourtant qu'on le lui reproche,
ne taxons pas bénévolement d'iniquité ceux qui
l'accusent d'avoir entrepris l'irréalisable, d'avoir,
à la fois, trop restreint et trop élevé l'opération
artistique ; ne rendons pas impossibles les re-
tours à la vérité en mettant l'amour-propre de
nos contradicteurs hors de propos en cause.
Convenons que leur opinion est fondée s'ils s'en
tiennent à dire que Cézanne n'a pas accompli
son œuvre. Accordons même que tout n'est pas
erroné dans leur affirmation, s'ils prétendent
que la conception de Cézanne, pour un motif
inhérent ou étranger à sa nature, ne comportait
pas d'accomplissement total. Mais prions-les
fermement de considérer avec nous l'immense

importance du Signe que fut Cézanne dans
l'instant troublé où il est venu — ce lendemain..., cette veille... — de revoir, d'étudier ces
ébauches, ces esquisses, ces essais, ces innombrables recherches suggestives du Tableau, où
il y a des parties de ce Tableau qui sont des
chefs-d'œuvre et, en outre, une méthode, féconde et par ce qu'elle comporte d'enseignement direct et aussi par ce qu'elle laisse voir
qui manquait au peintre, seulement et trop
exclusivement peintre.

*
* *

On a vu par quel chemin Cézanne passa, s'ini-
tiant à son art, avant d'affronter la nature elle-
même. Ce chemin, qui part du Louvre et va,
illustré de ces grands noms, Delacroix, Courbet,
Manet, à Auvers-sur-Oise, était le plus logique,
le plus sûr que l'artiste pût choisir. Il avait commencé par écouter le conseil de la tradition, par
studieusement admirer l'œuvre des maîtres et
des siècles. Puis, cette œuvre, il avait vu avec
quelle liberté magnifique un maître nouveau,
leur héritier et leur continuateur, l'interprétait

en la mirant aux sources de la vie avec l'irré-
sistible force d'une imagination qui recréait
tout, d'une vision qui percevait sous toutes les
formes la sève colorée de la nature. Un autre
maître, qui se croyait plus fidèle que Delacroix
à la réalité parce qu'elle lui échappait dans son
ensemble et se livrait à lui par splendides mor-
ceaux, Courbet, enseigna du moins à Cézanne
le respect de ce qu'improprement on nomme la
vérité objective, et aussi cette apaisante certitude
— contre laquelle, toutefois, nous avons vu un
Whistler s'inscrire — que la nature est belle
toujours et partout. Manet enfin et les Impressionnistes corroboraient cette leçon en jetant
les flots lumineux de la peinture claire sur cette
nature toujours et partout belle, en niant
l'ombre, en exaltant la vertu de la lumière. Ils
avaient ainsi conquis à l'art, débarrassé de ca-
duques complications, un domaine infini. Spirituellement, plus de fausse noblesse de sites et
de styles, de sentiments factices et de philosophie
empruntée ; plastiquement, plus d'opacité où
le modelé des formes s'efface : la nature entière
appartenait à l'artiste et l'artiste n'avait qu'à
peindre telle qu'il la voyait, selon la seconde

colorée, la nature entière. Grande victoire, mais
chèrement payée : dàns cette dévotion à l'immense nature, l'artiste s'oubliait lui-même ;
l'homme abandonnait aux éléments la scène de
l'univers et cachait sa pensée dans la coulisse.
S'il participait encore au drame, ce n'était que
dans la mesure où il offrait, volume éclairé, aux
arbres ou aux légumes l'occasion d'un rapport
de tons. L'impressionnisme pur, cela n'est plus
guère contesté aujourd'hui, est une des formes
les plus immédiates de l'analyse réaliste, puisque
essentiellement il rejette le style, l'expression
et la composition, seuls moyens d'intervention
de la pensée dans l'œuvre plastique.

Cézanne traversa l'impressionnisme, en subit
même quelque diminution au contact de Pissarro notamment, et alla plus loin. Il partit à la
conquête (mais pour la découvrir il ne se con-
tenta point du procédé analytique) du Style,
il voulut la synthèse qui devait lui permettre
d'ajouter la joie de son esprit à la joie des
yeux ; aux splendeurs dont le moindre coin de
nature est une réserve infinie, le sens décoratif
dont le secret est dans la pensée de l'homme.
Cette synthèse, Cézanne l'ajoute littéralement à

l'analyse. Il veut d'abord posséder la nature,
telle qu'elle est, telle qu'il la voit, l'établir avec
une fidélité scrupuleuse sur sa toile, avec une
pieuse obéissance. Seulement ensuite, par un
lent travail de communion, de pénétration toujours plus profonde, il s'élève peu à peu à la simplicité transformatrice. — Nous sommes loin,
n'est-ce pas, de la pure sensation colorée.

Voilà sa découverte et sa méthode. Qui ne
sent de quelle sincérité elles procèdent et tout ce
qu'elles exigent de science ? — Car, pour le dire en
passant, ce n'est pas sérieusement qu'on parle
d'ignorance à propos de Cézanne. Si, dans son
acte d'artiste, il s'est affranchi des systèmes qui
eussent troublé d'une présence adultère sa très
amoureuse intimité avec la nature, il n'a rien
oublié des grands moyens (non pas des recettes)
qui pouvaient assurer l'opération de son regard
et de sa main et qui fatalement avaient passé de
l'observation volontaire et tendue de jadis dans
l'inconscient de son esprit parvenu à la haute
maturité. Il savait tout, et il le savait innocemment parce qu'il avait l'âme d'un primitif,
parce qu'il était venu à la nature comme on va
au principe universel de la vie, — mais cette

vie universelle devait emprunter à l'orient de
son esprit un sens singulier ; comme on va puiser
l'eau à une source pure, — mais l'eau prendra
toujours la forme de l'urne où on l'aura puisée.

Ces indications sont infiniment trop brèves et
très incomplètes, je le sais. Mais je n'en saurais
dire davantage de l'enseignement direct de Cézanne sans pénétrer dans le domaine spécial
de la technique des peintres, indiscrètement
puisque ce n'est pas le mien. La grande difficulté
est de se maintenir dans les bornes du langage
général à propos de l'artiste, par excellence, qui
particularisa. Voyons, du moins, après avoir
essayé d'indiquer la part positive de son effort,
sa part négative ; et qu'on me permette une
transposition.

Si l'on pouvait plausiblement — en style toutefois trop catégorique pour enfermer toute la
vérité — avancer que chez Beethoven la nature
elle-même s'exprime, irrésistiblement, par une
voix trop passionnée, par une âme trop voisine
des forces élémentaires pour en discipliner les
impulsions instinctives, pour y faire un choix
pur et par là capable de séduire les esprits dont
la patrie se nomme « Luxe, Calme et Volupté »,

tandis, qu'un Mozart, au contraire, moins, puissant. que Beethoven, mais. plus. dégagé que lui
de: la matière,, serait. l'exemplaire citoyen de
cette idéale patrie, j'essaierais de définir le
désir — non pas. l'œuvre de Cézanne, ainsi :
Beethoven + Mozart.. Il. laisse d'abord. chanter
dans, ses yeux toutes. les couleurs du paysage,. et
puis il. les. veut. subordonner toutes, à. la couleur
de ses, propres yeux., C'est le plus beau. dessein
qui se puisse concevoir ; mais, il y faudrait deux
génies,, ou l'invention d'un passage entre. deux
incommunicables. mondes. Le peintre dépasse
les. dernières limites du premier de ces, deux
mondes. et franchit. les premières, limites du second., Là,, ses forces. le. trahissent, et l'œuvre
reste inachevée : les voix tumultueuses. de la
nature se. sont tues,, mais, la, voix idéalement
humaine ne parle, pas, encore.. — Est-il possible
d'assigner les, causes de. cette « impuissance géniale » ?.

« Il n'a jamais été. attiré que par le spectacle
du monde visible. Il n'a point recherché les su-

jets descriptifs, il a ignoré les emprunts littéraires. L'expression de sentiments abstraits,
d'états d'âmes, lui est toujours restée inconnue.
Il s'est d'abord consacré à peindre ce qui peut
être vu par les yeux, les natures mortes, les
paysages, les têtes ou portraits et, comme une
sorte de couronnement, des compositions, mais
d'ordre simple, où les personnages sont mis côte
à côte, sans se livrer à des actions singulières,
surtout pour être peints (1). »

On se tromperait si, de ce résumé de l'œuvre
de Cézanne, on inférait que son intellectualité
fût faible. Bien au contraire, elle était miracu-
leusement intense. Mais elle était spécialisée.
L'art en faisait l'objet unique. Les êtres et les
choses le passionnaient, en qualité d'objets à
peindre. Et c'est à peindre qu'il prenait toute
sa joie, — seulement la joie de peindre, non pas
celle de pénétrer spirituellement, sentimentale-
ment, dans la vie de la nature. Et pas plus
que spirituel et sentimental, au sens général
de ces mots, son art n'est sensuel. Il est *senso-
riel.*

(1) M. Théodore Duret.

C'est *un art de séparation.* La peinture, au
regard de ce peintre, existe en elle-même, pour
elle-même. La représentation de l'univers ? Le
sacrement de l'union entre les hommes ? Le
prisme où se réfractent les lumières de la vie ?
Le talisman qui livre à un esprit le secret de sa
propre vérité ? L'embellissement de la maison
de Dieu ou des peuples ? La somme des énergies d'une race, d'un être, d'un temps ? — Rien
de tout cela : la peinture en soi ; la peinture in-
curieuse et ignorante de poésie ou de musique,
d'architecture même et de sculpture ; la peinture étrangère aux mouvements de la vie ; la
peinture but de la peinture et se contentant
de nous dire comment deux yeux, les plus lu-
cides du monde, perçoivent les relations des
matières colorées.

C'est trop peu. Il n'y a pas là de quoi créer
du Mozart à base de Beethoven. Il manque la
pensée initiale et d'ensemble, un mobile largement humain qui mette l'artiste et le main-
tienne en relation avec les vivants universels ;
il manque, pour les appeler à se reconnaître
dans l'œuvre de l'artiste, un principe d'humanité chez cet artiste. — Et faut-il rappeler que

cette « séparation » dans les préoccupations de l'artiste est étrangement d'accord avec l'isolement de l'homme ? Cézanne s'indignait que son facteur s'occupât de politique et discutât socialisme...

Mais cette séparation empruntait aux conditions de l'instant tout le sens et tout le mérite — à ce point de vue purement esthétique — d'une protestation tacite, — pleinement consciente ? je ne sais, — d'une réaction. Cézanne n'acceptait pas la fausse sécurité que les Impressionnistes croyaient avoir pour jamais assurée à l'art.

Et *il a tout remis en question.*

Personne n'aura plus nettement que lui suggéré l'absolue nécessité présente d'un nouveau Symbolisme. Il a indiqué où ce Symbolisme doit être cherché, et que ce n'est pas dans la science, mais dans l'interprétation de la nature selon ses propres lois. Mais, pour être un très grand artiste, il lui a manqué d'être plus qu'un peintre et de comprendre, avec la nécessité d'un Nouveau Symbolisme pictural, la nécessité d'une Nouvelle — ou de l'Immémoriale — Tendresse Raisonnée, et de son gouvernement effectif dans le domaine de l'art comme dans le domaine de la vie.

Son œuvre — dont il doutait, ai-je dit, sans qu'on ait jamais observé qu'il doutât de sa méthode — reste un geste sublime d'indication.

TABLE DES MATIÈRES

ACHEVÉ D'IMPRIMER

le quinze juin mil neuf cent quatorze

POUR LA

SOCIÉTÉ DES TRENTE

PAR

BUSSIÈRE

A SAINT-AMAND (CHER)